OS HOMENS QUE ENCARAVAM CABRAS

JON RONSON

OS HOMENS QUE ENCARAVAM CABRAS

Tradução de
JANAÍNA MARCOANTONIO

2ª edição

EDITORA RECORD
RIO DE JANEIRO • SÃO PAULO
2025

CIP-BRASIL. CATALOGAÇÃO-NA-FONTE
SINDICATO NACIONAL DOS EDITORES DE LIVROS, RJ

R682h
Ronson, Jon, 1967-
  Os homens que encaravam cabras / Jon Ronson ; tradução de Janaína Marcoantonio. - 2ª ed. - Rio de Janeiro : Record, 2025.
  Tradução de: The men who stares at goats
  ISBN 978-85-01-08827-7

  1. Guerra psicológica - Estados Unidos - História - Séculos XX. 2. Guerra psicológica - Estados Unidos - História - Séculos XXI. 3. Parapsicologia - Aspectos militares. 4. Ciências ocultas. I. Título.

09-6154
CDD: 355.34340973
CDU: 355.42(73)

Título original em inglês:
THE MEN WHO STARES AT GOATS

Copyright © 2004 by Jon Ronson Ltd

Todos os direitos reservados. Proibida a reprodução, armazenamento ou transmissão de partes deste livro através de quaisquer meios, sem prévia autorização por escrito. Proibida a venda desta edição em Portugal e resto da Europa.

Direitos exclusivos da publicação em língua portuguesa para o Brasil adquiridos pela
EDITORA RECORD LTDA.
Rua Argentina 171 - 20921-380 Rio de Janeiro, RJ - Tel.: 2585-2000
que se reserva a propriedade literária desta tradução

Impresso no Brasil

Seja um leitor preferencial Record.
Cadastre-se no site www.record.com.br
e receba informações sobre nossos lançamentos
e nossas promoções.

EDITORA AFILIADA

Atendimento e venda direta ao leitor:
sac@record.com.br

Para John Sergeant e também
para o general Stubblebine

SUMÁRIO

1. O general   9

2. O Laboratório de Cabras   17

3. O Primeiro Batalhão da Terra   39

4. No coração da cabra   71

5. Segurança interna   87

6. Privatização   111

7. O dinossauro lilás   141

8. O predador   161

9. O lado negro   179

10. Uma fábrica de ideias   187

11. Um hotel assombrado   201

12. As frequências   209

13. Algumas ilustrações   229

14. A casa de 1953   239

15. Harold's Club ou bancarrota!   259

16. A saída 279

Agradecimentos e bibliografia 299

1. O GENERAL

Esta é uma história verdadeira. Estamos no verão de 1983. O major-general Albert Stubblebine III está sentado à mesa de seu escritório em Arlington, na Virgínia. Ele olha para a parede, sobre a qual estão penduradas suas inúmeras condecorações militares, que detalham uma longa e reconhecida carreira. Ele é o chefe de inteligência do exército norte-americano, com 16 mil soldados sob seu comando. No exército, ele controla a inteligência de interceptação de sinais, a área fotográfica e técnica e as várias unidades secretas de contrainteligência e unidades militares de espionagem espalhadas pelo mundo. Ele também seria o responsável pelos interrogatórios dos prisioneiros de guerra, se não fosse porque este é o ano de 1983, e a guerra é fria, e não quente.

Seus olhos passam das condecorações à própria parede. Há algo que ele sente que precisa fazer, embora o pensamento o assuste. Ele pensa na escolha que tem de fazer. Pode ficar em seu escritório ou se dirigir ao escritório vizinho. Essa é sua escolha. E ele já escolheu.

Ele se dirige ao escritório vizinho.

O general Stubblebine é bem parecido com Lee Marvin. De fato, na Inteligência Militar todos comentam que ele e Lee Marvin são gêmeos idênticos. Seu rosto tem traços bem marcados e é estranhamente calmo, como uma fotografia aérea de algum terreno montanhoso tirada por um de seus aviões de espionagem. Seus olhos, sempre observando ao redor e cheios de ternura, parecem falar por todo o rosto.

Na verdade, ele não tem nenhuma relação com Lee Marvin. O boato o agrada porque a mística pode ser benéfica a uma carreira em inteligência. Sua tarefa é avaliar as informações reunidas por seus soldados e reportar suas avaliações ao vice-diretor da CIA e ao chefe de Estado-maior do exército americano, que por sua vez as reporta à Casa Branca. Ele comanda soldados no Panamá, no Japão, no Havaí e em toda a Europa. Com tais responsabilidades, ele sabe que deve contar com seu braço direito no caso de algo dar errado durante sua jornada ao escritório vizinho.

Ainda assim, ele não pede a ajuda de seu assistente, o sargento George Howell. Isso é algo que ele sente que deve fazer sozinho.

Estou pronto?, pergunta-se. *Sim, estou pronto.*

Ele se levanta, sai de trás da mesa e começa a caminhar.

Quero dizer, reflete consigo mesmo, *basicamente, de que o átomo é feito? De espaço!*

Ele acelera o passo.

Basicamente, de que sou feito? De átomos!

Agora, ele está quase correndo.

Basicamente, de que é feita a parede? De átomos! Tudo o que tenho a fazer é mesclar os espaços. A parede é uma

ilusão. *O que é o destino? Estou destinado a permanecer nesta sala? Ah, não!*

Em seguida, dá de cara contra a parede.

Droga, pensa.

O general Stubblebine está perplexo diante de suas tentativas repetidamente frustradas de atravessar a parede. O que há de errado com ele que o impede de conseguir atravessá-la? Talvez seus muitos afazeres não permitam que ele alcance o nível necessário de concentração. Não há dúvidas em sua mente de que a capacidade de atravessar objetos será um dia uma ferramenta comum no arsenal dos serviços de inteligência. E quando isso acontecer, bem, é muito ingênuo acreditar que isso anunciaria o despertar de um mundo sem guerras? Quem iria querer se meter com um exército capaz de fazer *aquilo*? O general Stubblebine, como muitos de seus contemporâneos, continua extremamente perturbado por suas memórias do Vietnã.

Esses poderes *são* alcançáveis; a única questão é: por quem? Quem, no exército, já está orientado a esse tipo de coisa? Que divisão do exército é treinada para operar no nível mais alto de suas capacidades físicas e mentais?

E então lhe surge a resposta.

As Forças Especiais!

É por isso que, no verão de 1983, o general Stubblebine pega um avião rumo a Fort Bragg, na Carolina do Norte.

Fort Bragg é vasta — uma cidade protegida por soldados armados, com um supermercado, um cinema, restaurantes, campos de golfe, hotéis, piscinas, pistas de equitação e acomodação para 45 mil soldados e suas famílias. O general passa por esses lugares ao dirigir até o Centro de Comando das Forças Especiais. Esse não é o tipo de coisa que se revela a qualquer um. É para as Forças Especiais e mais ninguém. Ele ainda tem medo. O que está prestes a revelar?

No Centro de Comando das Forças Especiais, o general decide ir com calma.

— Eu venho até aqui com uma ideia — começa. Os comandantes das Forças Especiais consentem.

— Quando vocês têm uma unidade operando fora da proteção das unidades principais, o que acontece se alguém se machuca? — pergunta. — O que acontece se alguém é ferido? Como lidar com isso?

Ele examina os rostos vazios por toda a sala.

— Cura psíquica! — exclama.

Há um silêncio.

— É disso que estamos falando — diz o general, apontando para sua cabeça. — Se vocês usarem a mente para curar, provavelmente conseguirão sair com toda a sua equipe viva e intacta. Vocês não precisarão deixar ninguém para trás. — Ele faz uma pausa, e então acrescenta: — Protejam a estrutura da unidade por meio da cura física e psíquica!

Os comandantes das Forças Especiais não parecem particularmente interessados em cura psíquica.

— Está bem — diz o general Stubblebine. Ele está sendo recebido com absoluta frieza. — Não seria uma ideia maravilhosa se vocês pudessem ensinar alguém a fazer *isso*?

O general vasculha sua bolsa e, com um gesto dramático, dobra alguns talheres.

— E se vocês pudessem fazer isso? — diz o general. — Estariam interessados?

Há um silêncio.

O general Stubblebine percebe que está começando a gaguejar. *Eles estão me olhando como se eu fosse louco*, pensa para si próprio. *Não estou apresentando isso da forma correta.*

Ele olha ansiosamente para o relógio.

— Vamos falar sobre o tempo! — diz. — O que aconteceria se o tempo não fosse um instante? E se o tempo tiver um eixo X, um eixo Y e um eixo Z? E se o tempo não for um ponto, mas um espaço? A qualquer momento, podemos estar *em qualquer lugar* nesse espaço! O espaço é confinado ao teto desta sala, ou o espaço são *30 milhões de quilômetros*? — O general ri. — Os físicos ficam *loucos* quando digo isso!

Silêncio. Ele tenta novamente.

— Animais! — diz o general Stubblebine.

Os comandantes das Forças Especiais se entreolham.

— Parar o coração dos animais — continua. — *Explodir* o coração dos animais. Essa é a ideia que quero propor. Vocês têm acesso a animais, certo?

— Hum — disseram os comandantes. — Na verdade, não...

A viagem do general Stubblebine a Fort Bragg foi um desastre. Recordá-la ainda o faz corar de vergonha. Ele acabou se reformado antecipadamente em 1984. Hoje, a história oficial

13

da inteligência do exército, conforme esboçada em seu dossiê de imprensa, basicamente pula os anos de Stubblebine, 1981-1984, quase como se não tivessem existido.

De fato, tudo o que você leu até agora foi, durante as duas últimas décadas, um segredo da inteligência militar. A ousada tentativa do general Stubblebine de atravessar a parede de seu escritório e sua viagem aparentemente fútil a Fort Bragg foram mantidas em segredo até o momento em que ele me contou a respeito na sala 403 do Tarrytown Hilton, no norte de Nova York, num dia frio de inverno dois anos depois do início da guerra contra o terror.

— Para dizer a verdade, Jon — ele disse —, eu bloqueei totalmente o resto da conversa que tive com as Forças Especiais. Ah, sim. Eu *apaguei* da minha mente! Eu fui embora. Deixei a sala com o rabo entre as pernas.

Ele fez uma pausa e olhou para a parede.

— Você sabe — disse —, eu realmente pensava que fossem grandes ideias. Ainda penso. Eu apenas não descobri como o *meu* espaço pode atravessar *aquele* espaço. Simplesmente continuei esborrachando o nariz na parede. Eu não conseguia... Não. "Não conseguia" é o termo errado. Eu jamais me conduzi ao apropriado estado da mente. — Ele suspirou. — Para dizer a verdade, é uma decepção. O mesmo acontece com a levitação.

Certas noites em Arlington, na Virgínia, depois que Geraldine, sua primeira esposa, ia para a cama, ele se deitava no carpete da sala de estar e tentava levitar.

— E eu fracassei totalmente. Eu não conseguia tirar minha bunda gorda do chão, com o perdão da palavra. Mas ainda acredito que eram ótimas ideias. E sabe por quê?

— Por quê? — perguntei.

— Porque você *não pode* se permitir ficar ultrapassado no mundo da inteligência — ele disse. — Você *não pode* se permitir perder algo. Você não acredita nisso? Dê uma olhada nos terroristas que foram a escolas de aviação para aprender a decolar, mas não a aterrissar. E onde *aquela* informação se perdeu? Você *não pode* se permitir perder algo quando está falando sobre o mundo da inteligência.

Havia algo sobre a viagem do general a Fort Bragg que nenhum de nós dois sabia no dia em que nos conhecemos. Era uma informação que logo me levaria àquele que deve estar entre os recantos mais malucos na guerra contra o terror de George W. Bush.

O que o general não sabia — o que as Forças Especiais esconderam dele — é que eles na verdade consideraram suas ideias excelentes. Além disso, quando ele propôs o programa clandestino para explodir o coração de animais e eles lhe disseram que não tinham acesso a animais, estavam ocultando o fato de que havia uma centena de cabras em um estábulo a apenas alguns quilômetros dali.

A existência dessa centena de cabras só era do conhecimento de alguns poucos membros seletos das Forças Especiais. A natureza oculta das cabras foi ajudada pelo fato de que elas haviam sido privadas de sua capacidade de berrar; apenas ficavam ali paradas, abrindo e fechando a boca, sem emitir nenhum som. Muitas delas também tiveram suas pernas engessadas.

Essa é a história daquelas cabras.

2. O LABORATÓRIO DE CABRAS

Foi Uri Geller que me colocou na trilha que levava às cabras. Eu o encontrei no terraço de um restaurante do centro de Londres no começo de outubro de 2001, menos de um mês depois do início da guerra contra o terror. Há muito havia rumores (em geral espalhados, deve-se dizer, pelo próprio Uri) de que no começo dos anos 1970 ele fora um espião paranormal trabalhando secretamente para a inteligência norte-americana. Muitas pessoas duvidaram de sua história — o *Sunday Times* certa vez se referiu a ela como uma "pretensão grotesca", argumentando que Uri Geller é maluco, ao passo que o serviço de inteligência não é. Do meu ponto de vista, a verdade reside em um dos quatro cenários possíveis:

1. Isso simplesmente nunca aconteceu.

2. Um par de renegados malucos do mais alto escalão da inteligência norte-americana trouxe Uri Geller.

3. A inteligência norte-americana é o repositório de segredos inacreditáveis, que nos são ocultados para nosso

próprio bem; um desses segredos é que Uri Geller tem poderes paranormais, os quais foram utilizados durante a Guerra Fria. Eles só esperavam que ele não saísse contando para todo mundo.

4. A inteligência americana era, naquela época, essencialmente, e completamente, maluca.

Uri estava quieto no restaurante. Ele usava um par de óculos escuros grandes e espelhados. Seu cunhado, Shipi, era igualmente pouco comunicativo, e toda a situação era um pouco embaraçosa. Eu os havia encontrado uma ou duas vezes em ocasiões anteriores e eles me pareciam pessoas de uma agitação contagiante. Mas não havia agitação nesse dia.

— Então — eu disse —, vamos começar. Como você se tornou um espião paranormal para o governo dos EUA?

Houve um longo silêncio.

— Eu não quero falar sobre isso — disse Uri.

Ele tomou um gole de sua água mineral e olhou de relance para Shipi.

— Uri, o que há de errado? — perguntei. — Você *sempre* fala sobre isso.

— Não falo, não — ele disse.

— É claro que *fala*! — retruquei.

Eu vinha pesquisando esse assunto por duas semanas, e já acumulava um arquivo volumoso de suas memórias sobre seus dias de espião paranormal, ditadas durante toda a década de 1980 e de 1990 a jornalistas, que lhes agregavam comentários sarcásticos. Em praticamente todos os artigos, a linha de raciocínio era a mesma: os serviços de inteligência *não fariam* aquilo. Havia uma relutância quase frenética em aceitar as palavras de Uri, ou mesmo em dar alguns telefonemas para confirmá-las ou refutá-las. Devido a todo o nosso cinismo, nós, ao que parece, ainda investíamos os serviços de inteligência de certas qualidades de rigor e metodologia científica. Os poucos jornalistas que aceitavam a afirmação de Uri implicitamente expressavam alívio por tudo isso ter acontecido há muito tempo, nos anos 1970.

— Eu nunca falo sobre isso — disse Uri.

— Você falou sobre isso para o *Financial Times* — eu disse. — Você disse ter feito muitos trabalhos paranormais para a CIA no México.

Uri encolheu os ombros.

Um avião passou voando baixo sobre nossas cabeças, e todos no terraço pararam de comer por um momento e olharam para cima. Desde o 11 de Setembro, o procurador-geral dos EUA, John Ashcroft, vinha alertando sobre iminentes ataques terroristas — a bancos, edifícios, hotéis, restaurantes e lojas nos Estados Unidos. Em certa ocasião, o presidente Bush anunciou que não podia dizer *absolutamente nada* sobre uma ameaça de cataclismo em particular. Alertas igualmente inespecíficos estavam ocorrendo em Londres. Então, de súbito, Uri tirou os óculos escuros e me olhou diretamente nos olhos.

— Se você repetir o que vou lhe contar — disse —, eu nego.

— Está bem — eu disse.

— Será sua palavra contra a minha — disse Uri.

— Certo.

Uri aproximou sua cadeira da minha. Ele passou os olhos pelo restaurante.

— Isso — disse — já não é mais uma história do passado.

— Como? — perguntei.

— Fui reativado — disse Uri.

— O quê?

Olhei para Shipi. Ele confirmou, acenando solenemente com a cabeça.

— Imagino que não foi você que disse a John Ashcroft sobre os hotéis e os bancos e os edifícios — falei.

— Não estou dizendo mais nada — disse Uri.

— Uri — pedi —, forneça-me alguma coisa para que eu possa seguir em frente. Por favor, diga-me mais uma coisa.

Uri suspirou.

— OK — disse Uri. — Eu lhe direi apenas mais uma coisa. O homem que me reativou... — Uri fez uma pausa, e então disse: — se chama Ron.

E foi isso. Eu não falei com Uri Geller desde então. Ele não retorna minhas ligações. Ele se recusou a fornecer qualquer outra informação sobre Ron. Ron era do FBI? Da CIA? Da Inteligência Militar? Da Segurança Interna? Poderia Ron ser parte do MI5? Do MI6? Uri Geller estava participando da guerra contra o terror?

Eu tive um pequeno avanço um ano mais tarde, num hotel em Las Vegas, quando estava entrevistando um dos antigos espiões militares do general Stubblebine, o sargento Lyn Buchanan. Eu disse:

— Uri Geller afirma que o homem que o reativou se chama Ron.

O sargento Buchanan emudeceu e então acenou com a cabeça de modo enigmático e disse:

— Ah, Ron. Sim. Eu conheço Ron.

Mas não me disse mais nada sobre ele.

O general Stubblebine também não falaria nada sobre Ron.

— Esses malditos espiões paranormais deveriam manter as malditas bocas fechadas — disse —, em vez de espalhar para a cidade toda o que fizeram.

Conforme descobri semanas depois de meu encontro com Uri, o general havia comandado uma unidade secreta de espionagem paranormal entre 1981 e 1984. Segundo ele, a unidade não era tão glamorosa quanto podia parecer. Era basicamente meia dúzia de soldados sentados numa edificação de madeira em ruínas e bem protegida em Fort Meade, Maryland, tentando ser paranormais. Oficialmente, a unidade não existia. Os paranormais eram o que se conhece hoje no jargão militar por *Black Op*. Uma vez que não "existiam", eles não tinham acesso à verba destinada ao café do exército americano. Tinham de trazer seu próprio café ao trabalho e se ressentiam disso. Alguns deles estiveram lá, tentando ser paranormais, de 1978 a 1995. De tempos em tempos, um deles morria ou ficava muito agitado, e um novo soldado paranormal era trazido para substituí-lo. Quando alguém tinha uma visão — de uma guerra russa, ou de um evento futuro —, esboçava-a e passava os esboços a seus superiores na cadeia de comando.

E então, em 1995, a CIA fechou a unidade.

Em seguida, muitos dos soldados paranormais tiveram suas autobiografias publicadas, tais como *The Seventh Sense: The Secrets of Remote Viewing as Told by a "Psychic Spy" for the U.S. Military*, de Lyn Buchanan.

— Todos querem ser os primeiros no palanque publicitário — disse o general Stubblebine. — Eu seria capaz de torcer o pescoço de alguns.

E isso foi tudo o que ele disse sobre os espiões paranormais.

— Eles estão de volta à ativa? — perguntei.

— Espero que sim — respondeu.

— Uri Geller era um dos seus?

— Não — disse o general —, mas eu gostaria que tivesse sido. Sou um grande fã dele.

E foi assim que minha busca por Ron me trouxe ao Havaí, a uma casa na estrada entre Honolulu e Pearl Harbor, onde vivia o primeiro-sargento reformado — e ex-espião paranormal das Forças Especiais — Glenn Wheaton. Glenn era um homem grande, com um cabelo ruivo bem aparado e um bigode espesso com pontas recurvadas, no estilo dos veteranos da guerra do Vietnã. Meu plano era perguntar a Glenn sobre seus dias de espionagem paranormal e então tentar tocar no assunto de Ron, mas, desde o momento em que me sentei, nossa conversa enveredou para uma direção totalmente inesperada.

Glenn se inclinou para a frente em sua cadeira.

— Você foi da porta da frente à porta dos fundos. Quantas cadeiras há em minha casa?

Houve um silêncio.

— Você provavelmente não é capaz de me dizer quantas cadeiras há em minha casa — disse Glenn.

Eu comecei a olhar ao redor.

— Um supersoldado não precisaria olhar — disse. — Ele simplesmente *saberia*.

— Um supersoldado? — perguntei.

— Um supersoldado — disse Glenn. — Um guerreiro Jedi. Ele saberia onde estão todas as lâmpadas. Ele saberia onde estão todas as tomadas. A maioria das pessoas são observadoras medíocres. Elas não têm ideia do que está realmente acontecendo a seu redor.

— O que é um guerreiro Jedi? — perguntei.

— Você está olhando para um — disse Glenn.

Glenn me contou que, em meados dos anos 1980, as Forças Especiais iniciaram uma ação secreta, com o codinome Projeto Jedi, para criar supersoldados — soldados com superpoderes. Um desses poderes era a capacidade de entrar em uma sala e instantaneamente ter consciência de cada detalhe; esse era o nível um.

— Qual era o nível acima desse? — perguntei.

— O nível dois — respondeu Glenn. — A intuição. Existe alguma forma de o prepararmos para que você tome as decisões corretas? Alguém corre até você e diz: "Há uma bifurcação na estrada. Viramos à esquerda ou à direita?" E então você — Glenn estalou os dedos — "Vamos para a direita!"

— Qual era o nível acima desse? — perguntei.

— A invisibilidade — respondeu.

— Ficar invisível de verdade? — questionei.

— A princípio — disse Glenn. — Mas depois de certo tempo nós nos adaptamos a simplesmente encontrar uma forma de *não ser visto*.

— Como? — perguntei.

— Compreendendo a relação entre observação e realidade, você aprende a dançar com a invisibilidade — disse Glenn. — Se você não é observado, você é invisível. Você só existe se alguém o vê.

— Então é como a camuflagem? — perguntei.

— Não — suspirou Glenn.

— Você é bom em invisibilidade? — indaguei.

— Bem — disse ele —, eu tenho cabelo ruivo e olhos azuis, então as pessoas tendem a se lembrar de mim. Mas eu me viro. Continuo vivo.

— Qual era o nível acima da invisibilidade? — perguntei.

— Hum — disse Glenn. Ele parou por um instante. Então continuou: — Tínhamos um suboficial que era capaz de parar o coração de uma cabra.

Houve um silêncio. Glenn levantou uma sobrancelha.

— Apenas com... — eu disse.

— Apenas *desejando* que o coração da cabra parasse — completou.

— Esse é um grande salto — observei.

— Exatamente — disse Glenn.

— E ele fez o coração da cabra parar? — perguntei.

— Ele fez isso no mínimo uma vez — disse Glenn.

— Ah — falei. Eu realmente não sabia como reagir a isso.

— Mas essa não é exatamente uma área na qual você quer...

— Se embrenhar — completei.

— Isso mesmo — confirmou. — Não é uma área na qual você quer se embrenhar, porque, como se revelou na avaliação, ele de fato também causou danos a si próprio.

— Ah — falei novamente.

— Danos solidários — disse Glenn.

— Então não é como se a cabra estivesse contra-atacando psiquicamente? — indaguei.

— A cabra não teve chance — disse Glenn.

— Onde isso aconteceu? — perguntei.

— Mais ao sul, em Fort Bragg — respondeu —, num lugar chamado Laboratório de Cabras.

— Glenn — pedi —, conte-me tudo sobre o Laboratório de Cabras.

E então Glenn começou.

O Laboratório de Cabras — que existe até hoje — é secreto. A maioria dos soldados que vivem e trabalham em Fort Bragg nem sequer sabe de sua existência. Glenn contou que os funcionários do exército que não faziam parte do grupo de comando supõem que as velhas estruturas do hospital — revestidas de tábuas e datando da Segunda Guerra Mundial —, situadas numa estrada sem pavimento que corta uma área recoberta por bosques, estejam abandonadas e em ruínas. De fato, são habitadas por uma centena de cabras emudecidas.

As cabras não eram agrupadas secretamente nesses edifícios simplesmente para que os guerreiros Jedi pudessem encará-las. O Laboratório de Cabras foi originalmente criado como um laboratório clandestino, a fim de fornecer treinamento cirúrgico em campo aos soldados das Forças Especiais. Durante essa etapa mais convencional das vidas das cabras, cada uma delas era conduzida a um abrigo através de uma pesada porta de aço à prova de som, onde levava um tiro na perna. Então, os novatos das Forças Especiais levavam a cabra às pressas a uma sala de cirurgia, anestesiavam-na, faziam-lhe curativo na ferida e a tratavam até que recuperasse a saúde. O Laboratório de Cabras costumava se chamar Laboratório de Cães, mas se verificou que ninguém queria fazer tudo aquilo com cães, então eles mudaram para cabras. Ao que parece, nas Forças Especiais se aceitava que era praticamente impossível estabelecer qualquer laço afetivo com uma cabra. De fato, de acordo com o People for the Ethical Treatment of Animals (PETA), organização não governamental que defende os direitos dos animais, as cabras correspondem historicamente a um grande percentual da quantidade de animais destinados a experimentos secretos no exército americano, estimada na casa dos milhões. A maioria das atividades militares relacionadas a cabras permanece altamente confidencial, mas de tempos em tempos alguns detalhes vazam. Quando uma bomba atômica foi detonada no céu perto do Atol de Bikini no Pacífico Sul em 1946, por exemplo, a maior parte dos quatro mil animais que haviam sido expostos à explosão pelo exército, circulando num barco conhecido como a Arca Atômica, eram cabras. Eles queriam ver como os animais reagiriam à radiação. Reagiram mal. Além disso, muitos milhares de cabras estão atualmente sendo transformadas — numa base da força aérea dos EUA — num tipo estranho de híbrido de cabra e aranha. "A seda da aranha é realmente um biomaterial valorizado ao qual a humanidade não tem acesso simplesmente porque, até agora, somente as aranhas são capazes de produzi-lo", explicou um porta-voz das Forças Aéreas ao CBC News no Canadá. "Quando o gene de uma célula de aranha se tornar parte da constituição genética da cabra, o animal produzirá seda de aranha em condições extremamente rentáveis por muitos anos. A mágica está em seu leite. Um único grama de leite produzirá milhares de metros de fio de seda, que poderão ser usados na confecção de coletes à prova de balas para o exército do futuro."

E agora havia o trabalho realizado dentro do Laboratório de Cabras — a remoção das cordas vocais e o tiro e todo o resto. Eu me perguntei se tudo isso poderia explicar como um suboficial fora capaz de matar uma cabra só de olhar para ela. Talvez o estado de saúde da cabra já estivesse debilitado antes do incidente: algumas cabras eram amputadas convalescentes; outras foram abertas, tiveram seu coração e rins examinados, e então fechadas novamente. Até mesmo as cabras mais sortudas — aquelas que apenas haviam recebido um tiro — estavam supostamente mancando pelo Laboratório de Cabras em absoluto silêncio com suas pernas engessadas. Talvez o suboficial tivesse encarado uma cabra particularmente doente? Mas Glenn Wheaton disse que não podia se lembrar de nada sobre a saúde da cabra em questão.

— Como o suboficial adoeceu por ter parado o coração da cabra? — perguntei.

— A fim de produzir energia suficiente — respondeu Glenn —, a fim de gerar suficiente poder de intenção para causar danos à cabra, ele causou danos a si próprio. Tudo tem um custo, entende? Você tem de arcar com as consequências.

— Que parte dele foi afetada? — perguntei.

— O coração *dele*.

— Ah — exclamei.

Houve um silêncio.

— *Você* é capaz de parar o coração de uma cabra? — perguntei a Glenn.

— *Não!* — disse Glenn, chocado. — Não! Não, não, não!

Glenn olhou ao redor, como se receasse que a mera pergunta pudesse implicá-lo no ato e colocá-lo na lista negra de alguma força espiritual invisível.

— Você simplesmente *não quer* fazer isso? — perguntei. — Você *tem o poder* de parar o coração de uma cabra?

— Não — disse Glenn. — Não creio que eu tenha esse poder. Eu acho que se alguém se preparasse para chegar a esse nível, teria de se perguntar: "O que aquela cabra fez para mim? *Por que aquela cabra?*"

— Então, quem atingiu esse nível? — perguntei. — Quem era o suboficial?

— Seu nome — disse Glenn — era Michael Echanis.

E isso, segundo Glenn, era tudo o que ele sabia sobre o Laboratório de Cabras.

— Glenn — perguntei —, as cabras voltaram a ser alvo dessas experiências depois do 11 de Setembro?

Glenn suspirou.

— Estou fora do exército — respondeu. — Estou fora do grupo de comando. Eu não sei mais do que você sabe. Se eu telefonasse às Forças Especiais, receberia a mesma resposta que eles dariam a você.

— E qual é?

— Eles não iriam confirmar nem negar. A própria existência das cabras é confidencial. Eles nem sequer admitiriam que *possuem* cabras.

Essa, conforme descobri mais tarde, era a razão para a remoção das cordas vocais das cabras. Isso era feito não porque os soldados das Forças Especiais precisassem aprender a cauterizar as cordas vocais do inimigo, mas porque as Forças Especiais temiam que uma centena de cabras berrando na base poderia chamar a atenção da sociedade protetora dos animais da região.

Glenn parecia um pouco apavorado.

— Isso é coisa dos *Black Op* — disse.

— Para onde posso ir a partir daqui? — perguntei.

— A lugar nenhum — disse Glenn. — Esqueça isso.

— Não posso esquecer — respondi. — Sou incapaz de tirar essa imagem da minha cabeça.

— Esqueça! — disse Glenn. — Esqueça que eu alguma vez lhe disse algo sobre as cabras.

Mas eu não podia. Eu tinha muitas perguntas. Por exemplo, como tudo isso começou? As Forças Especiais simplesmente roubaram a ideia do general Stubblebine? Parecia impossível, tendo em vista a sequência dos fatos que eu começava a montar. Talvez as Forças Especiais tivessem fingido fria indiferença à iniciativa do general de explodir o coração de animais e, em seguida, instruído Michael Echanis, quem quer que fosse ele, a começar a encará-los. Talvez eles simplesmente desejassem a glória para si próprios no caso de que matar o inimigo com um olhar se tornasse uma ferramenta no arsenal militar americano e transformasse o mundo para sempre.

Ou isso era uma *coincidência*? As Forças Especiais, sem que o general Stubblebine soubesse, já estavam realizando experiências com cabras? Eu sentia que a resposta a essa pergunta poderia fornecer alguma compreensão sobre o pensamento do exército americano. É esse o tipo de ideia que as pessoas *rotineiramente* têm naqueles círculos?

Depois de minha conversa com Glenn Wheaton, tentei descobrir tudo o que pudesse sobre Michael Echanis. Ele nasceu em 1950, em Nampa, Idaho. De acordo com um amigo de infância, a senhora que vivia em sua rua era "uma verdadeira resmungona", e, por isso, "Michael explodiu sua casa de madeira".

Ele combateu no Vietnã por dois meses em 1970 e, durante esse período, atirou em 29 pessoas — "mortes confirmadas" —; mas, então, partes de seu pé e panturrilha foram mutilados e ele foi deportado de volta a seu lar em São Francisco, onde os médicos lhe disseram que ele jamais voltaria a andar. Mas ele os surpreendeu e, em 1975, havia se tornado o principal expoente norte-americano da arte marcial coreana do *hwa rang do*, ensinando técnicas como invisibilidade às Forças Especiais em Fort Bragg.

"Se você precisar ficar próximo a um muro com tijolos dispostos na horizontal, não fique na vertical", costumava recomendar a seus discípulos. "Numa árvore, tente se parecer com uma árvore. Em espaços abertos, feche-se como uma rocha. Entre prédios, assuma a aparência de um tubo de conexão. Se precisar passar por uma parede totalmente branca, use uma peça de roupa reversível. Segure um quadrado branco diante de si enquanto se move. Pense preto. Isso é o nada."

Esse nada era importante para Echanis. No nada, ele descobriu que era capaz de matar. Um ex-colega de artes marciais chamado Bob Duggan declarou certa vez à revista *Black Belt* que considerava Echanis basicamente um psicótico. Ele disse que Echanis estava sempre prestes a criar confusão, sempre pensando em morte e no processo da morte, e que esse traço de sua personalidade se alojara em sua psique por volta da época de suas 29 mortes confirmadas no Vietnã e a subsequente mutilação de seu pé.

"Olhe para os braços ou pernas de seu alvo", Echanis costumava dizer a seus discípulos boinas-verdes. "Não o mire nos olhos até o último segundo. Você pode paralisar uma pessoa olhando-a nos olhos por uma fração de segundo. Eu ando em direção a uma pessoa sem olhar para ela; de repente, miro-a intensamente. Quando nossos olhos se cruzam, ela olha para mim. Nessa fração de segundo, seu corpo está paralisado, e é quando eu a acerto. Você pode falar com suavidade. Sempre no mesmo tom de voz. 'Não, eu não vou apunhalá-la ou atacá-la.' Então, faça-o. Se você estiver totalmente relaxado — olhos, corpo, voz, tudo — não ocorrerá à outra pessoa que você está pronto para atacá-la."

Em meados dos anos 1970, Echanis publicou um livro polêmico chamado *Knife Self-Defense for Combat,* que defendia a técnica de dar saltos e piruetas ruidosas no ar ao atacar um inimigo com uma faca. Essa abordagem foi elogiada por alguns aficionados da luta com facas, mas criticada por outros, que acreditavam que tais movimentos poderiam levar o lutador a, acidentalmente, esfaquear a si próprio e que uma pessoa armada com uma faca deveria dar preferência a movimentos simples.

Entretanto, os superpoderes de Echanis se tornaram lenda. Um ex-membro dos boinas-verdes recordou na internet:

> Eu ficava boquiaberto e de queixo caído. Eu vi quando ele se deitou numa cama de pregos enquanto um discípulo quebrava um bloco de concreto em seu estômago com um martelo de forja, ele colocou varetas de aço através da pele de seu pescoço e antebraços e levantou baldes de areia, e então as removeu sem nenhum sangramento e pouquíssimas evidências físicas de trauma, ele competiu num cabo de guerra com uma dúzia de homens que não foram capazes de movê-lo nem um centímetro, ele até mesmo hipnotizou um par de pessoas presentes. Os boinas-verdes eram jogados de um lado para outro como bonecas de pano. A dor que ele era capaz de infligir era surreal. Ele podia ferir alguém gravemente com um único dedo. Mike, você é inesquecível. A faca que você me deu fica ao lado da minha boina. Você preparou minha alma para a vida. Deus abençoe Mike Echanis!

Echanis foi, por um tempo, editor de artes marciais da *Soldier of Fortune*, a "revista dos aventureiros profissionais". Ele se tornou uma espécie de garoto-propaganda para os mercenários americanos, bastante literalmente, de fato, porque frequentemente aparecia como a celebridade da capa da *Soldier of Fortune* e da *Black Belt*. Se você algum dia se deparar com uma fotografia dos anos 1970 de um mercenário americano forte e bonitão, com um bigode espesso com pontas recurvadas, posando vigilante e armado numa selva, vestindo cáqui e uma bandana e segurando uma faca com fio serrilhado, é bem provável que seja Michael Echanis. Tudo isso o tornou ainda mais famoso, o que não é uma boa estratégia para um mercenário e possivelmente levou a sua misteriosa morte aos 28 anos de idade.

Há inúmeras versões sobre como Echanis veio a morrer. O que é certo é que aconteceu na Nicarágua, onde ele se associara, em caráter profissional, ao então ditador Anastasio Somoza. Alguns relatórios afirmam que foi a CIA que promoveu o encontro entre os dois, e que a agência deu a Echanis uma verba de US$ 5 milhões para ensinar técnicas exotéricas de artes marciais à Guarda Presidencial de Somoza e aos comandos antissandinistas.

Echanis disse a um biógrafo de Somoza que o motivo pelo qual ele amava estar na Nicarágua era que nos EUA era muito difícil se meter numa briga ao andar pelas ruas. Mas na Nicarágua, segundo Echanis, ele podia se meter em brigas quase todos os dias.

Seria possível argumentar que ser pago por Somoza para ajudar a reprimir a insurreição camponesa era pouco heroico, mas os fãs de Echanis me disseram, quando tentei dizer isso a eles, que isso tornava a coragem de Echanis ainda mais notável, já que o povo americano não estava exatamente enamorado de Somoza, e a imprensa "transformava os sandinistas em santos".

Uma versão dos eventos em torno da morte de Echanis é a seguinte: Echanis e alguns colegas mercenários estavam num helicóptero, prestes a perpetrar horror em nome de Somoza. O helicóptero explodiu, talvez em consequência de uma bomba plantada por rebeldes anti-Somoza, ou talvez porque os passageiros estivessem brincando displicentemente com granadas e uma delas escapou, e todos a bordo foram mortos.

Na outra versão, que me contou o mestre de artes marciais Pete Brusso, que ensina na base de treinamento da marinha Camp Pendleton em San Diego, Echanis não estava num helicóptero. Ele estava no solo, agindo com demasiada soberba em relação a seus poderes sobre-humanos.

— Ele costumava deixar os jipes passarem por cima de seu corpo — explicou Pete Brusso. — As Forças Especiais subiam num jipe, ele se deitava no solo, e o jipe passava lentamente sobre ele. Isso não é muito difícil de se fazer. Jipes de mais de mil quilos, quatro rodas, você divide aquilo por quatro. Se passar bem devagar, o corpo pode muito bem suportar. Mas se você acertar o corpo a qualquer velocidade, há o choque da energia cinética.

Pete disse que Echanis desafiou alguns colegas mercenários a dirigirem sobre ele; assim ele poderia demonstrar que sua espantosa reputação era justificada.

— Bom, quem quer que estivesse dirigindo o jipe não percebeu que deveria desacelerar — disse Pete Brusso. — Opa! — Ele riu. — É, então ele teve ferimentos internos e morreu. Isso é o que eu ouvi.

— Você acha que eles inventaram a história do helicóptero em seguida para evitar constrangimentos e possíveis recriminações legais? — perguntei.

— É possível — respondeu Pete.

Mas em nenhuma das histórias que li ou ouvi sobre Michael Echanis eu pude encontrar alguma referência a ele matar uma cabra apenas de olhar para ela, e assim cheguei a um beco sem saída em relação ao Laboratório de Cabras.

Estranhamente, de fato, sempre que eu tocava no assunto das cabras em minhas trocas de e-mail com ex-amigos e associados de Echanis, eles imediatamente, em todas as ocasiões, paravam de responder a meus e-mails. Eu comecei a pensar que talvez eles achassem que eu fosse maluco. É por isso que, depois de um tempo, comecei a evitar palavras que soassem maluquice, como "cabra", "olhar" e "morte", e, em vez disso, fazia perguntas como "Você por acaso sabe se Michael estava envolvido na tentativa de influenciar o gado à distância?"

Mas, mesmo assim, as trocas de e-mail eram bruscamente interrompidas. Talvez eu tivesse de fato me deparado com um segredo tão delicado que ninguém queria admitir nenhum conhecimento a respeito.

Então, telefonei para Glenn Wheaton novamente.

— Apenas me diga de quem foi a ideia original de encarar as cabras — pedi. — Só me diga isso.

Glenn suspirou. Ele disse um nome.

Nos meses seguintes, outros ex-guerreiros Jedi me forneceram o mesmo nome. Continuou vindo à tona. É um nome do qual poucas pessoas fora do exército já ouviram falar. Mas foi esse homem que inspirou os guerreiros Jedi a fazerem o que fizeram. De fato, esse homem, dotado de uma paixão pelo oculto e de uma crença em poderes sobre-humanos, tem tido um profundo e até então desconhecido impacto sobre quase todos os aspectos da vida do exército americano. A tentativa fracassada do general Stubblebine de atravessar a parede foi inspirada por esse homem, assim como — na outra ponta da escala de confidencialidade — o famoso slogan de recrutamento do exército na TV, "Be all you can be" ["Seja tudo o que você pode ser"].

> You're reaching deep inside of you
> For things you've never known.
> Be all that you can be
> You can do it
> In the Army.
> [Você está chegando lá no fundo do seu ser
> Por coisas que jamais soube.
> Seja tudo o que você pode ser
> Você consegue
> No exército.]

Esse slogan foi um dia considerado pela revista *Advertising Age* o segundo jingle mais eficaz na história dos comerciais de TV americanos (o vencedor foi "You deserve a break today, so get up and get away, to McDonald's" ["Hoje você merece uma folga, então levante-se e vá para o McDonald's"]). Tocou a alma reaganiana de estudantes universitários de todo o país nos anos 1980. Quem teria acreditado que o soldado que ajudou a inspirar o jingle tivesse uma ideia tão fabulosa do que "tudo o que você pode ser" poderia incluir?

Embora esse homem fosse repleto das mais gentis intenções e pensamentos de paz, ele foi também, conforme eu viria a descobrir, a inspiração por trás de uma forma realmente grotesca de tortura usada pelas forças norte-americanas no Iraque em maio de 2003. Essa tortura não aconteceu na prisão de Abu Ghraib, onde detentos iraquianos nus foram forçados a masturbar e simular sexo oral uns nos outros. Ocorreu dentro de um contêiner atrás de uma estação ferroviária desativada na pequena cidade de Al-Qaim, na fronteira com a Síria. Foi realmente tão terrível, a seu próprio modo, quanto as atrocidades em Abu Ghraib, mas uma vez que não se tiraram fotografias nem envolveu Barney, o dinossauro lilás, não foi saudada com a mesma ampla cobertura nem com a mesma repugnância universal.

Todas essas coisas, e a experiência com as cabras, e muito mais, foram inspiradas por um tenente-coronel cujo nome é Jim Channon.

3. O PRIMEIRO BATALHÃO DA TERRA

Era uma manhã de sábado invernal, e o tenente-coronel aposentado Jim Channon estava dando uma volta pelos terrenos de sua vasta propriedade — que se estende por grande parte do topo de uma montanha no Havaí —, gritando mais alto que o vento:

— Bem-vindo ao meu jardim secreto, à minha casa ecológica. Morangos frescos? Não há nada como comer algo que estava vivo há um segundo. Se os navios pararem de vir, se a história desaparecer e o mundo nos oprimir à morte, eu me alimentarei. Eu convido o vento! O vento virá se você pedir. Você acredita nisso? Venha à minha figueira-de-bengala. Venha por aqui!

— Estou indo! — gritei.

A figueira-de-bengala estava partida na metade, e blocos de paralelepípedo teciam um caminho sinuoso por suas raízes.

— Se deseja passar por esses portões — disse Jim —, você deve ser parte místico e parte visionário e, portanto, capaz de criar sua melhor lista de compras. Então, bem-vindo ao meu santuário, onde curo minhas feridas e sonho meus sonhos de um serviço militar melhor.

— Por que você é tão diferente da imagem que eu tinha de um tenente-coronel do exército americano? — perguntei.

Jim refletiu sobre o que eu disse. Ele deslizou a mão por seus longos cabelos prateados. Então respondeu:

— Porque você não conheceu muitos de nós.

Esse é o Jim de hoje. Mas não era o Jim do Vietnã. Suas fotografias daquela época mostram um jovem distinto em uniforme militar, usando uma insígnia que tinha a forma de um rifle cercado por uma grinalda. Jim tem a insígnia ainda hoje. Ele a mostrou a mim.

— O que significa? — perguntei.

— Significa 30 dias em situação de combate — respondeu.

Então ele fez uma pausa, apontou para sua insígnia e disse:

— *Isto* é real.

Jim consegue se lembrar exatamente de como tudo começou, do momento preciso que deu início a tudo. Era seu primeiro dia de combate no Vietnã, e ele se viu a bordo de um dos 400 helicópteros que estrondeavam sobre o rio Song Dong Nai, em direção a um lugar que ele conhecia como Zona de Guerra D. Eles aterrissaram em meio aos corpos dos americanos que haviam fracassado na captura da Zona de Guerra D quatro dias antes.

— Os soldados — disse Jim — cozinharam sob o sol e foram derrubados como uma parede.

O PRIMEIRO BATALHÃO DA TERRA

Jim sentiu o odor dos corpos e, naquele momento, perdeu o olfato. Ele o recuperou algumas semanas depois.

Um soldado americano à direita de Jim pulou do helicóptero e imediatamente começou a atirar de modo insano. Jim gritou para que ele parasse, mas o soldado não podia ouvi-lo. Então, Jim saltou sobre ele e o derrubou no chão.

Jesus, pensou Jim.

E então, de algum lugar no pelotão de Jim, um franco-atirador deu um único tiro.

Todos simplesmente ficaram ali parados. O franco-atirador atirou novamente, e os americanos começaram a correr em direção à única palmeira à vista. Jim corria tão rápido que escorregou e deu de cara com a palmeira. Ele ouviu alguém gritar atrás de si:

— VC de pijamas pretos a 100 metros.

Cerca de 20 segundos depois, Jim pensou consigo mesmo: *Por que ninguém está atirando? O que estão esperando? Eles não podem estar esperando que eu ordene que eles atirem, ou sim?*

— MATEM-NO! — gritou Jim.

E assim os soldados começaram a atirar, e quando tudo terminou uma pequena equipe avançou em busca do corpo. Mas, apesar de todos os disparos, eles não conseguiram acertar o franco-atirador.

Como aquilo havia acontecido?

Então um soldado gritou:

— É uma mulher!

Droga, pensou Jim. *Como lidamos com isso?*

Momentos depois, o franco-atirador matou um dos soldados de Jim com uma bala em seus pulmões. Ele era o primeiro soldado raso Shaw.

— No Vietnã — contou-me Jim —, eu me sentia como borracha de pneu. Os políticos simplesmente me desprezavam. *Eu* tinha de escrever as cartas para as mães e os pais dos soldados que eram mortos em minha unidade.

E, de volta à casa, nos Estados Unidos, era seu dever dirigir até o interior para encontrar esses pais, fazer-lhes menções honrosas e entregar os pertences de seus filhos mortos. Foi durante essas longas viagens que Jim reviveu em sua mente os momentos que haviam levado à morte do soldado Shaw.

Jim havia gritado para que seus soldados matassem o franco-atirador, e todos eles, como se fossem um, dispararam todos os tiros para o alto.

— Essa veio a ser entendida como uma reação comum quando soldados novos atiram em humanos — disse Jim. — Não é algo natural atirar em pessoas.

(O que Jim havia presenciado coincidia com os estudos realizados depois da Segunda Guerra Mundial pelo general S. L. A. Marshall, um historiador militar. Ele entrevistou milhares de soldados de infantaria americanos e concluiu que apenas entre 15% e 20% deles haviam, de fato, atirado para matar. O restante atirou para o alto ou simplesmente não atirou, ocupando-se de qualquer outra coisa.

E se descobriu que 98% dos soldados que *de fato* atiraram para matar foram profundamente traumatizados por suas ações. Os outros 2% foram diagnosticados como "personalidades psicóticas agressivas", que basicamente não se importavam de matar pessoas em quaisquer circunstâncias, em casa ou no exterior.

A conclusão — nas palavras do tenente-coronel Dave Grossman, do Killology Research Group — era que "há algo no combate contínuo e inevitável que leva 98% dos homens à insanidade, e os outros 2% já estão loucos quando chegam lá.")

Depois do Vietnã, Jim sofreu de depressão por um período; ele pensou que não seria capaz de assistir ao nascimento da filha. Ele não seria capaz de ver nada que o lembrasse de dor. As parteiras no hospital pensaram que ele fosse louco, porque esse tipo de coisa não havia sido explicado na TV. Partia-lhe o coração perceber que o soldado Shaw havia morrido porque seus homens eram impulsivamente ingênuos e bondosos, e não as máquinas mortíferas que o exército queria que fossem.

Jim me levou à sua casa. Parecia pertencer a algum mágico benevolente de um romance fantástico; era repleta de arte budista, pinturas de olhos da providência sobre pirâmides e coisas do tipo.

— O tipo de pessoa que é atraído ao serviço militar tem muita dificuldade em ser... astuto. Sofremos no Vietnã por não sermos astutos. Simplesmente nos apresentamos em toda a nossa retidão, e atiraram em nosso traseiro. Você talvez encontre certa astúcia em outras repartições do governo americano, mas certamente teria dificuldade em encontrá-la no exército.

E assim foi que, em 1977, Jim escreveu ao tenente-general Walter T. Kerwin, o subchefe de Estado-maior do exército no Pentágono. Ele escreveu que queria que o exército aprendesse a ser mais astuto. Ele desejava embarcar numa missão de apuração de fatos. Não sabia onde. Mas queria aprender a ser astuto. O Pentágono concordou em pagar o salário e as despesas de Jim durante a viagem. E Jim entrou em seu carro e começou a dirigir.

Steven Halpern é o compositor de uma série de CDs de meditação e mensagens subliminares, vendidos pela internet, com títulos como *Achieving your ideal weight* [*Alcançando seu peso ideal*] ("Toque este CD durante as refeições. Você mastiga sua comida devagar. Você ama e aceita seu corpo completamente."), *Nurturing your inner child* [*Nutrindo sua criança interior*] ("Você libera todo ressentimento ou sofrimento em relação a seus pais por não atenderem a suas necessidades."), e *Enhancing intimacy* [*Aprimorando a intimidade*] ("Seu corpo sabe exatamente onde me tocar. Você ama me abraçar e me acariciar.").

"Por mais de 25 anos", de acordo com o website de Steven, "sua música tem tocado a vida de milhões, e é usada em casas, centros de ioga e de massagens, hospícios e escritórios inovadores em todo o mundo."

Foi no início da carreira de Steven, em 1978, numa conferência sobre a Nova Era na Califórnia, que ele conheceu Jim Channon. Jim disse que queria, de alguma forma, usar a música de Steven para tornar os soldados americanos mais serenos, e também desejava usá-la no campo de batalha para fazer com que o inimigo se sentisse igualmente mais tranquilo.

O pensamento imediato de Steven foi: *Eu não quero estar numa lista.*

— Às vezes você termina numa lista, entende? — disse Steven. — Eles monitoram suas atividades. Quem era esse cara? Estaria ele posando de alguém que queria aprender as coisas boas, mas planejando usá-las contra mim?

Eu estava impressionado pela maneira vívida como Steven recordava seu encontro com Jim. Isso, segundo ele, era porque as pessoas que trabalham na área de música ambiente não são abordadas pelo exército com tanta frequência. Além do mais, Jim parecia trilhar o caminho em termos de paz interior; ele era muito carismático. E, de todo modo, essa era uma época paranoica, conforme agregou Steven.

— Havíamos acabado de sair do Vietnã — disse. — Aconteceu que alguns dos mais violentos agitadores antiguerra eram agentes duplos. Ocorria o mesmo na comunidade ufológica.

— Comunidade ufológica? — exclamei. — Por que espiões do governo iriam querer se infiltrar lá?

— Oh, Jon — disse Steven. — Não seja ingênuo.

— Por quê? — perguntei.

— Todo mundo controlava todo mundo — respondeu Steven. — Ficou tão paranoico que os porta-vozes da comunidade costumavam começar pedindo que todos os espiões do governo se levantassem e se identificassem. Quanto mais você sabe, mais você não sabe, entende? De qualquer forma, havia muita paranoia. E então um cara veio até mim e disse que era do exército e que queria aprender sobre minha música, e esse era Jim Channon.

— Por que você acha que ele o abordou em particular? — perguntei.

— Alguém um dia disse que minha música permite que as pessoas tenham uma experiência musical sem *nomeá-la* — respondeu Steven. — Acho que foi isso. Ele disse que precisava convencer os oficiais superiores do exército; o alto escalão. Essas são pessoas que jamais haviam conhecido um estado meditativo. Acho que ele queria chegar a eles sem *nomear* isso.

— Ou talvez ele quisesse hipnotizar seus líderes com sons subliminares — observei.

— Talvez — concordou Steven. — São coisas muito poderosas.

Steven me contou um pouco sobre o poder dos sons subliminares. Ele disse que, certa vez, uma igreja evangélica americana submeteu a congregação a sons silenciosos durante os hinos. No final da missa, eles viram que as doações haviam triplicado.

— Vantagem tática, percebe? — disse Steven. — Quer saber por que as igrejas evangélicas estão ganhando tanto dinheiro enquanto as igrejas convencionais estão falindo? Talvez essa seja a resposta.

E agregou que, recentemente, visitou o escritório de um amigo.

— Assim que entrei lá, eu me senti irritado. "Seu escritório está me fazendo sentir irritado", eu disse. "É meu novo cassete subliminar de pico de eficiência", disse ele. "Então desligue", falei.

Steven fez uma pausa.

— Eu identifiquei em seguida — disse Steven —, porque sou atento. Mas a maioria das pessoas não é.

Steven também contou a Jim Channon sobre o poder dos sons subliminares, e Jim lhe agradeceu e saiu. Eles nunca mais se encontraram.

— Isso foi há 25 anos — disse Steven. — Mas me lembro como se fosse ontem. Jim parecia uma alma muito gentil.

Steven ficou em silêncio por um momento. Então falou:

— Quer saber? Agora fiquei pensando, não tenho certeza se cheguei a lhe perguntar o que planejava fazer com todas aquelas informações.

Quase todas as pessoas que Jim visitou durante sua viagem de dois anos eram, assim como Steven Halpern, californianas. No total, Jim visitou 150 organizações pertencentes ao movimento da Nova Era, tais como o Biofeedback Center de Berkeley, o Integral Chuan Institute ("Assim como o botão de uma flor contém a forma inata de uma flor perfeita, nós todos contemos a forma inata de nossa própria perfeição."), o Fat Liberation ("Você PODE perder peso!"), o Beyond Jogging e, no Maine, a "organização mundial de cura" Gentle Wind ("Se você foi à escola nos Estados Unidos ou num país com práticas educacionais similares antes dos dez ou 12 anos de idade, você sofreu graves danos mentais e emocionais... a tecnologia de cura do Gentle Wind pode ajudar.").

O Gentle Wind supostamente ofereceu a Jim, assim como a todos os que passaram por lá, seus instrumentos de cura, os ingredientes mágicos daquele que sempre havia sido um segredo bem guardado, embora a empresa fornecesse a pista de que eles derivam "do mundo espiritual, e não do mundo humano". Imagine algo como uma grande barra de sabonete branco pintada de modo a se parecer com uma placa de circuito de computador. Esse é o *Healing Bar 1.3* [algo como "sabonete da cura"] do Gentle Wind, "doação solicitada: US$7.600". Embora caro, "representa a vanguarda da tecnologia de cura, superando significativamente o *Rainbow Puck III e IV*" e incluindo "bem mais que o mínimo de 6-60 Mhz de deslocamento temporal combinado com milhões de modificações etéreas predefinidas".

O material publicitário do Gentle Wind garante aos possíveis compradores e recrutadores de empresas que "não há messias aqui... NENHUM MESSIAS no projeto Gentle Wind. Por favor, não perca seu tempo procurando um messias. Não há nenhum aqui".

No entanto, alguns outros membros afirmaram a mim que o principal guru do Gentle Wind, John Miller, ordenou, durante os últimos anos, que todos os seus funcionários se submetessem à dieta de Atkins e vestissem apenas bege, e que o ingrediente misterioso do mundo espiritual incorporado a seus sabonetes de cura era, de fato, sexo grupal. A história apresentada é mais ou menos a seguinte: John Miller se aproxima de uma funcionária e diz — e estou parafraseando, com base em afirmações feitas a mim por ex-membros do grupo — "Parabéns. Você foi selecionada pelo mundo espiritual para participar de nosso trabalho de energia ultrassecreto. Não diga a seu marido porque ele não entenderia o trabalho de energia."

Ela é, então, levada à cama de John Miller, faz sexo com ele e com várias outras mulheres selecionadas e, no momento em que termina, John Miller diz: "Rápido. Fabrique um *Healing Bar*." O Gentle Wind está contestando essas afirmações e, em 2004, iniciou uma ação contra os ex-membros que as sustentam.

Um depoimento de clientes do Gentle Wind — de um casal de Bristol — afirma: "Houve melhoras notáveis em nossa gata Moya, que mudou praticamente da noite para o dia sua personalidade tímida e neurótica de gata resgatada para uma aventureira, amigável e confiante, depois que a submetemos a um dos instrumentos de cura do Gentle Wind."

Outra cliente, no entanto, observou: "A princípio fiquei satisfeita, pois o dispositivo de fato produziu um efeito notável sobre minha aura [mas quando mudei para o rótulo 'tranquilidade'] me fez sentir intimamente indiferente à experiência. Para resumir a história, usei o *Universal Harmonizers*, do Equilibria, durante os últimos cinco meses, e agora me sinto eu mesma novamente."

O Gentle Wind afirma que mais de seis milhões de pessoas em mais de 150 países em todo o mundo já usaram seus produtos. Eles também me disseram que não se lembram de conhecer Jim, e talvez ele tenha se deparado com outro Gentle Wind durante sua odisseia bancada pelo Pentágono. É possível que eles estejam certos, mas eu não consegui encontrar outro Gentle Wind atuando no movimento da Nova Era ou no movimento do Potencial Humano naquela época.

Jim Channon também não se lembrava muito bem do Gentle Wind, mas o grupo deve ter lhe causado certo impacto, pois ele lhes deu uma menção especial no relatório confidencial que mais tarde preparou para o Pentágono.

Jim passou pelo renascimento reichiano, pela luta de braço fundamental, que era a luta de braço regular acompanhada de gritos guturais, e por sessões de encontros de banho nu no Instituto Esalen para o Desenvolvimento do Potencial Humano em Big Sur, onde foi aconselhado pelo fundador do Esalen, Michael Murphy, o homem considerado o inventor do movimento da Nova Era. Em nenhum momento Jim revelou como imaginava que suas técnicas poderiam ser adaptadas para ensinar o soldado americano a ser mais astuto.

"Normalmente leva dez anos", escreve Jim em seu diário da época, "até que os valores desenvolvidos em Los Angeles cheguem ao Arkansas rural. O que está se desenvolvendo hoje na costa será o valor nacional daqui a dez anos."

É assim que Jim visualizava a América dos anos 1980: o governo não mais teria uma "visão exploradora dos recursos naturais". Em vez disso, sua ênfase seria na "conservação e sanidade ecológica". O sistema econômico pararia de "promover o consumo a todo custo". Não seria agressivo nem competitivo. Esse, conforme profetizava Jim, era o novo sistema de valores, pronto para varrer a América.

Jim precisava acreditar que tudo isso aconteceria. Ele estava trabalhando para aquilo que o general Edward Meyer, então o chefe de Estado-maior, havia chamado de um "exército oco". Esse era um termo que Meyer havia cunhado para descrever o estado de ânimo do exército após o Vietnã. Não eram só os veteranos que estavam sofrendo de depressão pós-guerra e estresse pós-traumático. O exército, como entidade, estava traumatizado e melancólico e sofrendo de um prostrante complexo de inferioridade. Os orçamentos estavam sendo cortados em toda a parte. O recrutamento havia sido abolido, e o exército não era uma opção de carreira sedutora para os jovens americanos. As coisas estavam realmente muito ruins. Jim se viu como uma possível fênix da Nova Era, levantando-se das cinzas para trazer alegria e esperança ao exército e ao país que ele tanto amava.

"É papel da América", escreveu Jim, "levar o mundo ao paraíso."

Jim retornou de sua viagem em 1979 e redigiu um documento confidencial a seus superiores. A primeira linha diz: "O exército dos EUA não tem realmente nenhuma alternativa séria além de ser maravilhoso."

Um aviso legal no rodapé dizia: "[Esta] não é a posição oficial do exército até agora."

51

Esse era o *Manual de operações do Primeiro Batalhão da Terra* de Jim Channon.

O manual eram 125 páginas de uma mistura de desenhos e gráficos e mapas e ensaios polêmicos e novos projetos minuciosos de cada aspecto da vida militar. No Primeiro Batalhão da Terra de Jim Channon, o novo uniforme do campo de batalha incluiria bolsos para reguladores de ginseng, ferramentas de adivinhação, alimentos para aprimorar a visão noturna e um alto-falante que automaticamente emitiria "música indígena e palavras de paz".

Os soldados entrariam nos campos inimigos ninando em seus braços "animais simbólicos", tais como filhotes de cordeiro. Eles aprenderiam a cumprimentar as pessoas com "olhos cintilantes". Então, gentilmente colocariam o filhote de cordeiro no solo e envolveriam o inimigo num "abraço automático".

Jim reconhecia a possibilidade de que essas medidas não fossem suficientes para pacificar um inimigo. Nesse caso, os alto-falantes acoplados aos uniformes passariam a veicular "sons dissonantes". Alto-falantes maiores seriam colocados sobre veículos militares, tocando *acid rock* fora de sintonia para confundir o inimigo.

Caso nada daquilo funcionasse, seria desenvolvido um novo tipo de armamento — armas não letais ou "psicoeletrônicas" —, incluindo uma máquina que poderia dirigir energia positiva a multidões hostis.

Se todo o resto falhasse, seriam usadas armas letais, mas "o reino do céu não deveria ser negado a nenhum soldado da Terra que tenha sido usado como instrumento de guerra indiscriminada".

De volta à base, os soldados deveriam vestir mantos e capuzes para os rituais obrigatórios do Primeiro Batalhão da Terra. As antigas canções machistas e agressivas (*I don't know, but I've been told, Eskimo pussy is mighty cold...* [*Me contaram, eu não sabia, a xoxota da esquimó é muito fria...*]) seriam eliminadas e substituídas por uma nova: "Om."

As bandas marciais do exército aprenderiam a se parecer com menestréis viajantes. "Cantar e dançar" e "eliminar o desejo por luxúria" seriam tão importantes como parte do treinamento quanto as artes marciais.

"Um monge guerreiro é aquele que não depende da luxúria", escreveu Jim. "Um monge guerreiro é aquele que não depende de status. Esse regime não se destina a produzir fanáticos puritanos, mas é claramente projetado para eliminar o mercenário."

(Presume-se que essa parte do manual foi desconsiderada por Michael Echanis, que se tornou o mercenário mais famoso dos Estados Unidos depois de supostamente ter matado uma cabra com o olhar, em Fort Bragg, e antes de sua própria morte em circunstâncias misteriosas na Nicarágua.)

Os membros do Primeiro Batalhão da Terra aprenderiam a jejuar por uma semana bebendo apenas suco e então comer somente nozes e grãos durante um mês. Eles iriam:

apaixonar-se por todos, sentir as auras das plantas, organizar uma plantação de árvores com crianças, alcançar o poder de atravessar objetos como paredes, dobrar metais com a mente, andar pelo fogo, calcular mais rápido que um computador, parar seus próprios corações sem efeitos nocivos, vislumbrar o futuro, ter experiências extracorpóreas, viver à custa da natureza por 20 dias, ser mais de 90% vegetarianos, ter a capacidade de massagear e purificar o cólon, deixar de usar clichês sem significado, passar a noite fora sozinhos e ser capazes de ouvir e ver os pensamentos de outras pessoas.

Agora, tudo o que Jim tinha a fazer era vender essas ideias ao exército.

Eu acho que Jim Channon é um homem rico. Ele certamente possui a encosta de uma montanha inteira no Havaí, com um anfiteatro e edificações anexas, tendas mongóis e coretos, que valem o equivalente a uma cidade. Hoje em dia, ele faz para as corporações o que fez para o exército: faz seus empregados acreditarem que podem atravessar paredes e mudar o mundo, e consegue isso fazendo com que essas coisas pareçam comuns.

— Você acredita sinceramente — perguntei a Jim a certa altura no dia em que passamos juntos — que alguém pode alcançar um estado tão elevado de monge guerreiro que possa de fato se tornar invisível e atravessar paredes?

Jim encolheu os ombros.

— Sabemos que as mulheres conseguem levantar um automóvel com uma só mão quando seu filho está debaixo dele — disse Jim. — Por que não esperar o mesmo de um monge guerreiro?

Jim me disse — assim como disse a seus comandantes em 1979 — que um monge guerreiro talvez soasse como um novo protótipo maluco de militar, mas seria mais maluco do que os antigos protótipos, como o cowboy ou o jogador de futebol?

— Um monge guerreiro — disse Jim — é alguém que tem a presença de um monge, a presteza e a dedicação de um monge e a absoluta destreza e precisão do guerreiro.

Ele disse isso a seus comandantes no clube de oficiais em Fort Knox, na primavera de 1979. Ele havia chegado lá algumas horas antes e trazido tantos vasos de planta quantos pôde encontrar pela base. Ele os dispôs em círculo, uma "pseudofloresta". No centro do círculo, acendeu uma vela.

Quando os comandantes chegaram, ele disse:

— Para começar a cerimônia, cavalheiros, iremos entoar um mantra. Inspirem profundamente e, ao expirar, emitam o som *Eeeeeeee*.

— Nesse momento — contou-me Jim —, eles riram. Alguns riram silenciosamente, um pouco embaraçados. Então fui capaz de dizer: "*Com licença!* Vocês receberam instruções e espero que sejam realizadas com perfeição." Entende? Capturei direitinho o estado mental dos militares. Da segunda vez que fizemos isso, o lugar se tornou unificado.

E então Jim iniciou seu discurso. Ele disse:

— Cavalheiros, é uma grande honra tê-los neste lugar de devoção, onde podemos curar nossas feridas e sonhar nossos sonhos de um serviço militar melhor. Juntos, com todos os outros exércitos do mundo, transformaremos esse lugar, e poderá nascer uma nova civilização, que não conhece fronteiras, mas sabe como viver no jardim e sabe que estamos a um passo do paraíso.

Os comandantes já não riam. De fato, Jim percebeu que alguns deles estavam quase em lágrimas. Como Jim, eles haviam sido oprimidos por suas experiências no Vietnã. Jim estava se dirigindo a generais de quatro estrelas, majores-generais, brigadeiros-generais e coronéis — "os *superiores*" —, e os havia cativado. De fato, um coronel presente, Mike Malone, ficou tão comovido que deu um salto e gritou:

— Sou um homem-formiga!

Notando as expressões perplexas nos rostos de seus colegas comandantes militares, ele elucidou:

— Eu apoio a causa das formigas porque elas são bichinhos pequenos. São simples. São honestas. Movimentam-se em grandes formações e colunas e trabalham duro. Mas também são *nobres*. Como outra coisa nobre que um dia amei: o soldado.

Jim continuou seu discurso:

— O único momento em que os óculos cor-de-rosa não funcionam é quando você os tira — disse. — Então, juntem-se a mim nessa visão de ser *tudo* o que podemos ser, pois este é o lugar ao qual pertence o Primeiro Batalhão da Terra. Este é o lugar onde vocês têm o direito de pensar o impensável, de sonhar o impossível. Vocês sabem que estamos aqui para criar as ferramentas mais poderosas para os indivíduos e suas equipes, pois essa é a diferença entre onde o soldado americano está hoje e onde ele precisa estar para sobreviver no campo de batalha no futuro.

— Você sabe sobre o que é essa história? — perguntou-me Jim, em seu jardim no Havaí. — É a história da criatividade de uma instituição que você esperaria que fosse a *última* a abrir as portas a realidades maiores. Pois você sabe o que aconteceu depois?

— O quê? — perguntei.

— Fui imediatamente nomeado comandante do Primeiro Batalhão da Terra.

O aviso legal no rodapé do *Manual de operações* de Jim dizia que essa não era a posição oficial do exército dos Estados Unidos. No entanto, semanas após sua publicação, os soldados de todo o exército começaram a experimentar e implementar seriamente suas ideias.

Num centro comercial no coração do Vale do Silício, há um edifício que lembra um armazém há muito abandonado e totalmente irreconhecível. Entretanto, ônibus lotados de turistas surgem de tempos em tempos para fotografar seu exterior, porque esse é o edifício onde o Vale do Silício começou. A princípio, era um depósito de damascos, mas então o professor William Shockley se mudou para lá, coinventou o transistor, desenvolveu cristais de silício na sala dos fundos e, em 1956, ganhou o prêmio Nobel por seu trabalho.

No final dos anos 1970, esse prédio — no número 391 da San Antonio Road — estava nas mãos de um novo dono, chamado Dr. Jim Hardt. Ele era tão pioneiro em sua área quanto Shockley, e tão visionário quanto, mas sua ciência era, e continua sendo, um pouco mais estranha.

O Dr. Hardt ainda trabalha aqui, cobrando dos civis $14 mil por um retiro de uma semana de treinamento do cérebro — "Mencione a palavra-chave semicoerente e ganhe um desconto de $500!", diz o pacote publicitário — numa série de pequenos escritórios nos fundos. Eles são escuros, iluminados apenas com luz púrpura fluorescente, os relógios não têm ponteiros, e o lugar me lembrou um pouco a Torre do Terror da Disneylândia.

Eu passei a acreditar que Michael Echanis não era, afinal, o lendário militar que matava cabras só de olhar para elas. Eu havia decidido que Glenn Wheaton se equivocara, seduzido pela história de Echanis, e que na verdade o matador de cabras era outro guerreiro Jedi. Talvez o Dr. Hardt fosse capaz de fornecer a resposta, pois foi ele que reajustou os cérebros dos guerreiros Jedi no final dos anos 1970, e os levou a um nível espiritual de iluminação em que matar uma cabra com o olhar era, aparentemente, possível.

O Dr. Hardt fez com que eu me sentasse e me contou a história de suas "fascinantes, embora um pouco melodramáticas", aventuras com as Forças Especiais.

Tudo começou com uma visita de um coronel chamado John Alexander, que um dia apareceu à porta de Jim Hardt com alguns outros militares. O coronel Alexander havia recrutado o Dr. Hardt, depois de ter ficado profundamente impressionado com o *Manual de operações do Primeiro*

Batalhão da Terra de Jim Channon. Ele queria saber se o Dr. Hardt era realmente capaz de transformar soldados comuns em mestres zen avançados em apenas sete dias, e dar a eles o poder da telepatia simplesmente conectando-os a sua máquina cerebral.

O Dr. Hardt confirmou, e então a busca por criar um supersoldado, um soldado com poderes sobrenaturais, foi colocada em ação exatamente aqui, nesse armazém no Vale do Silício.

O coronel disse a Jim Hardt que, desde a publicação do manual de Jim, as Forças Especiais convidaram, um após outro, gurus do máximo desempenho dos movimentos da Nova Era e do Potencial Humano da Califórnia a fim de dar palestras a soldados sobre como ser mais sintonizados com seus espíritos interiores e coisas do tipo, mas a experiência não fora um sucesso. Os gurus foram rotineiramente saudados com vaias, assobios e bocejos teatrais pelas Forças Especiais.

Agora o coronel Alexander queria saber se o Dr. Hardt estaria disposto a tentar. Ele traria sua máquina portátil de treinamento cerebral a Fort Bragg?

Jim Hardt me mostrou a máquina. Você prende eletrodos em sua cabeça e suas ondas alfa são alimentadas em um computador. Acionam-se alguns botões e suas ondas alfa são sintonizadas. Quando isso tiver sido concluído, seu QI é aumentado em 12 pontos e você alcança, sem esforço, um nível espiritual estranhamente só alcançável por meio do estudo diligente de técnicas zen de toda uma vida. Se duas pessoas forem simultaneamente conectadas à máquina, elas conseguirão ler a mente uma da outra.

O Dr. Hardt explicou tudo isso ao coronel Alexander e lhe ofereceu uma demonstração, mas o coronel não aceitou. Ele disse que havia muitas informações militares classificadas em seu cérebro, e ele não poderia arriscar revelá-las telepaticamente ao Dr. Hardt.

O Dr. Hardt disse que compreendia.

O coronel Alexander se sentiu obrigado a dizer ao Dr. Hardt que as Forças Especiais eram, de fato, bastante hostis a toda a ideia, que eles consideraram sem pé nem cabeça. Eles, de fato, costumavam ser "incontroláveis" e se recusavam a "sentar-se quietos e ouvir".

O Dr. Hardt respondeu que, nesse caso, ele só aceitaria o desafio se os soldados fossem, antes, enviados a um retiro de meditação por um mês.

— Bem — disse-me então o Dr. Hardt. — Em primeiro lugar, eles não o chamariam de *retiro* de meditação, porque retiro é uma palavra que não existe no exército. Então foi chamado de *acampamento* de meditação. E foi um fracasso *total*.

— Por quê? — perguntei.

— Os soldados de fato *brigavam* uns com os outros no local de meditação — disse. — Eles brigavam de tédio.

E então, quando o Dr. Hardt chegou a Fort Bragg, as Forças Especiais eram ainda "extremamente hostis", culpando-o por seu mês de meditação forçada, o qual consideraram "sem sentido" e "uma perda de tempo".

O pequeno, magro e delicado Dr. Hardt investigou com inquietação os soldados hostis, e então prendeu gentilmente os eletrodos na cabeça de cada um deles e em sua própria cabeça. Ele ligou o computador para o treinamento cerebral de ondas alfa, e os ajustes começaram.

— E então, subitamente — disse Jim Hardt —, uma lágrima caiu de meu olho, deslizou por meu rosto e respingou em minha gravata.

Uma lágrima quase se formou em seu olho agora, ao relembrar esse momento de telepatia emocional.

— Então eu peguei minha gravata, que ainda estava molhada, e disse: "Eu, telepaticamente, *sei* que alguém nesta sala está sentindo tristeza." E eu *bati* a mão na mesa e disse: "Nós *não* sairemos desta sala até que quem quer que seja essa pessoa admita isso." Bem. Dois minutos de silêncio total. E então esse coronel calejado levantou a mão e disse: "Provavelmente era eu."

Em seguida, o coronel contou a Jim Hardt, e a seus colegas nas Forças Especiais, a história de sua tristeza.

Esse coronel cantara no coral de rapazes na faculdade. Ele cantara música folclórica e de coro e, quando seu cérebro estava sendo ajustado, sua mente foi tomada por memórias de seus dias no coral, cerca de 20 anos antes.

— Ele experimentou tanta alegria naquilo — contou-me Jim Hardt. — Mas então, ele foi diretamente da faculdade à escola de treinamento de oficiais e fez uma decisão intelectual de abandonar a alegria. Ele decidiu, após sua graduação, que a alegria não tinha papel na vida de um oficial do exército e então, de modo consciente e intencional, *plim*, desligou a alegria. Agora, 20 anos depois, ele veio a perceber que aquilo não era necessário. Ele havia vivido 20 anos sem alegria. E não era necessário.

No segundo dia de ajuste dos cérebros, os soldados prenderam os eletrodos em suas cabeças mais uma vez.

— E, dessa vez — disse Jim Hardt —, meus dois olhos eram como *torneiras*. E eu peguei minha gravata e a torci. Estava ensopada com minhas lágrimas, e perguntei novamente: "*Quem* é? Quem está sentindo tristeza?" E novamente, depois de dois minutos, o *mesmo sujeito* levantou a mão e, dessa vez, recordou uma história pela qual havia passado.

Era a ofensiva do Tet, em 1968. O coronel estava numa pequena base de artilharia avançada próxima à zona desmilitarizada quando os vietcongues atacaram.

— E esse coronel, sozinho, evitou que sua pequena base de artilharia fosse invadida — disse Jim Hardt —, e o fez disparando a metralhadora durante a noite inteira. E então, quando amanheceu, ele olhou para as pilhas de corpos sangrando e morrendo lá fora e, ao ver o que havia causado, teve sentimentos que são maiores do que um coração pode suportar.

Ao final do terceiro dia de ajuste dos cérebros, Jim Hardt estudou os registros de ondas alfa gerados pelo computador, e viu algo que o surpreendeu.

— Em um dos soldados — disse —, eu vi um padrão de ondas cerebrais que só é encontrado em pessoas que têm a experiência de ver anjos. Nós chamamos isso de "percepção de seres do plano astral", seres que são incorpóreos, mas que têm um corpo luminoso. Então, eu estava sentado de frente para a mesa desse soldado que foi treinado para matar, e lhe perguntei: "Você fala com seres que outras pessoas não veem?"

"E ele *tombou* sua cadeira para trás. Quase caiu. Era como se eu o tivesse acertado com um pedaço de madeira! E ele estava todo nervoso e alarmado e tinha a respiração pesada, e olhava para a esquerda e para a direita para se assegurar de que não havia mais ninguém na sala. Então, ele se curvou para a frente e admitiu: 'Sim.' Ele tinha um guia espiritual das artes marciais que costumava aparecer para ele sozinho. E ele só havia contado isso a seu melhor amigo, e havia jurado que cortaria a garganta se seu amigo dissesse uma palavra a esse respeito a quem quer que fosse."

E aquele era o fim da história. Aquilo era tudo o que o Dr. Hardt podia me dizer. Ele se foi de Fort Bragg, nunca mais voltou, e disse que não sabia qual dos guerreiros Jedi, cujo cérebro fora ajustado por ele, seguiu em frente e foi capaz de matar uma cabra com o olhar.

— Apenas não letais! — grita o cruel Glenn Talbot, pesquisador médico. — Repito, *apenas não letais*! Eu devo ter uma amostra dele. Ataquem-no com a espuma!

Na base militar subterrânea de Atheon, escondida sob um cinema desativado num deserto em algum lugar, o Incrível Hulk escapou e está destruindo tudo em seu caminho. Os soldados seguem as ordens de Glenn Talbot. Eles assumem posição e borrifam no Hulk a Espuma Aderente, que se expande e endurece no momento em que atinge seu corpo. A espuma funciona onde todas as armas anteriores haviam fracassado. O Hulk é detido em seu caminho. Ele luta, rugindo, contra a espuma, mas em vão.

— Até logo, garotão... — grunhe Glenn Talbot. Ele atira no peito do Hulk com algum tipo de disparador de mísseis manual. Grande erro. Isso deixa a criatura ainda mais furiosa — tão furiosa, de fato, que evoca poder suficiente para romper a espuma e continuar seu acesso de fúria.

Essa espuma não é uma invenção dos escritores do filme *Hulk*. Foi inventada pelo coronel John Alexander, o mesmo homem que recrutou o Dr. Jim Hardt para reajustar os cérebros dos guerreiros Jedi. O coronel Alexander desenvolveu a Espuma Aderente depois de ler o *Manual de operações do Primeiro Batalhão da Terra*, de Jim.

Os líderes do exército presentes em Fort Knox em 1979 haviam ficado tão comovidos com o discurso de Jim que lhe ofereceram a oportunidade de criar e comandar um Primeiro Batalhão da Terra real. Mas ele recusou. Jim tinha ambições maiores. Ele era suficientemente racional para perceber que atravessar paredes, sentir a aura das plantas e derreter o coração do inimigo com filhotes de cordeiro eram boas ideias no papel, mas não eram, necessariamente, habilidades alcançáveis na vida real.

Os superiores de Jim eram homens sem imaginação (daí os muitos esforços obstinados do general Stubblebine em atravessar a parede de seu escritório), mas a visão real de Jim era mais matizada. Ele queria que seus colegas soldados encontrassem um plano espiritual superior buscando o impossível. Se ele tivesse aceitado a oferta de liderar um Primeiro Batalhão da Terra real, seus superiores teriam exigido resultados mensuráveis. Eles teriam desejado que os soldados de Jim *demonstrassem* parar seus próprios corações sem efeitos nocivos, e, quando falhassem, a unidade seria provavelmente desligada, vergonhosamente, sem que ninguém soubesse de fato que sequer existiram.

Isso não era o que Jim tinha em mente. Ele queria que suas ideias se espalhassem e criassem raízes onde quer que o destino determinasse. O Primeiro Batalhão da Terra existiria em todos os lugares em que a leitura do manual inspirasse alguém a implementar seus conteúdos da maneira como quisesse. Ele imaginou que o manual seria assimilado pelo exército de modo tão exitoso que os soldados do futuro agiriam com base nele sem saber nada sobre sua fantástica procedência. E foi assim que a Espuma Aderente se tornou uma das primeiras armas reais do Primeiro Batalhão da Terra.

A espuma tem uma história acidentada. Na Somália, em fevereiro de 1995, as forças de pacificação das Nações Unidas estavam tentando distribuir alimentos quando a multidão começou a se revoltar. A marinha norte-americana foi trazida para acalmar as coisas e para auxiliar na retirada das Nações Unidas.

— Usem a Espuma Aderente! — ordenou o comandante. E a marinha usou. Eles borrifaram a espuma não na multidão, mas diante dela, de modo que endureceria e formaria um muro instantâneo entre os revoltosos e a comida. A multidão somali parou, olhou para a substância espumante, que se expandia e endurecia adquirindo a consistência de um pudim, esperou que se solidificasse, e então a escalou e continuou protestando. Tudo isso ocorreu diante das câmeras de TV. Naquela noite, os telejornais de toda a América foram veiculados juntamente com um videoclipe de Os caça-fantasmas, em que Bill Murray era coberto de gosma verde de fantasma.

(Um dos homens que utilizaram a Espuma Aderente na Somália — o comandante Sid Heal — mais tarde me advertiu para não retratar o incidente como um desastre total. Ele disse que imaginavam que os revoltosos demorariam cerca de 20 minutos para descobrir como escalar a espuma, mas eles levaram apenas cinco minutos, e então o pior que se poderia dizer é que foi 75% de um desastre. Essa foi, no entanto, a primeira e última vez que a espuma foi usada numa situação de combate.)

Imperturbadas pelo incidente na Somália, as autoridades penais dos Estados Unidos introduziram a Espuma Aderente nas prisões no final dos anos 1990, para subjugar internos violentos antes que eles fossem transportados a outro lugar. No entanto, a prática foi rapidamente descontinuada, porque era impossível deslocar os prisioneiros de suas celas depois de terem sido imobilizados pela espuma. Eles simplesmente ficavam grudados lá.

Mas agora, inesperadamente, a espuma está desfrutando de um renascimento. Garrafas da substância foram levadas ao Iraque em 2003. A ideia era que, assim que as tropas norte-americanas encontrassem as armas de destruição em massa, a Espuma Aderente seria borrifada sobre todas elas. Mas as armas de destruição em massa nunca foram encontradas e, portanto, a espuma permaneceu engarrafada.

De todas as ideias de Jim, a mais frutífera foi sua insistência de que os operativos militares e os cientistas deveriam viajar aos cantos mais ermos de sua imaginação, sem medo de que suas ideias parecessem tolas e mal concebidas, em busca de um novo tipo de arma — algo astuto, generoso e não letal.

A espuma é uma das centenas de milhares de invenções similares num relatório das forças aéreas americanas que vazou em 2002 — *Armas não letais: termos e referências* — que detalha de modo abrangente os últimos avanços nesse campo. Há várias armas acústicas: o projetor de ondas explosivas, a unidade solidificadora e o infrassom de baixa frequência, que, de acordo com o relatório que vazou, "penetra facilmente na maioria dos edifícios e veículos" e provoca "náusea, incontinência, desorientação, vômito, possíveis danos aos órgãos internos ou morte". (Os sucessores de Jim Channon parecem menos rígidos que ele em sua definição do termo "não letal".) Então, há a bomba de fedor específico de corrida e o terno camuflagem de camaleão, nenhum dos quais saiu do papel até agora, porque ninguém pode imaginar como inventá-los.

Há um ferormônio especial que "pode ser usado para marcar alvos individuais e então soltar abelhas para atacá-los". Há a luva elétrica, a jaqueta policial elétrica "que dá choque em qualquer um que a tocar", o disparador de teia elétrica, que é o mesmo que o disparador de teia mas "libera um choque elétrico se o alvo tentar lutar". Há todo tipo de hologramas, inclusive o holograma da morte — "usado para assustar um alvo individual até a morte. Por exemplo, um barão do tráfico com um coração fraco vê o fantasma de seu rival morto aparecendo em sua cabeceira e morre de medo" — e o holograma do profeta, "a projeção de uma imagem de um antigo deus sobre uma capital inimiga, cujas comunicações públicas foram cercadas e usadas contra ela numa operação psicológica em grande escala".

O coronel John Alexander, do Primeiro Batalhão da Terra, é nomeado coautor do relatório. Ele mora no subúrbio de Las Vegas, numa casa grande repleta de arte budista e aborígine e de condecorações militares. Eu notei que há também vários livros escritos por Uri Geller em sua estante.

— Você conhece Uri Geller? — perguntei.

— Ah, sim — respondeu —, somos grandes amigos. Costumávamos dar festas juntos, em que dobrávamos metais.

O coronel Alexander foi um conselheiro especial do Pentágono, da CIA, do Laboratório Nacional de Los Alamos e da OTAN. Ele é também um dos amigos mais antigos de Al Gore. Ele não está totalmente afastado do exército dos EUA. Uma semana depois que o encontrei, foi ao Afeganistão por quatro meses para atuar como "conselheiro especial". Quando lhe perguntei quem ele aconselhava e sobre o quê, ele não quis me dizer.

Durante a maior parte da tarde, John recordou o Primeiro Batalhão da Terra. Seu rosto se abriu num grande sorriso quando ele se lembrou dos rituais secretos que ele e alguns colegas coronéis costumavam realizar tarde da noite nas bases militares, depois de ler o manual de Jim.

— Grandes fogueiras! — disse. — E homens com cobras em suas cabeças!

Ele riu.

— Você ouviu falar de Ron? — perguntei.

— Ron? — repetiu o coronel Alexander.

— Ron, que reativou Uri — eu disse.

O coronel Alexander ficou em silêncio. Esperei que ele respondesse. Depois de cerca de 30 segundos, percebi que ele não diria nenhuma palavra até que eu lhe fizesse uma nova pergunta. Então eu fiz.

— E então, Michael Echanis realmente matou uma cabra só de olhar fixamente para ela? — perguntei.

— Michael Echanis? — ele olhou perplexo. — Eu acho que você está falando de Guy Savelli.

— Guy Savelli? — indaguei.

— Sim — disse o coronel. — O homem que matou a cabra com certeza foi Guy Savelli.

4. NO CORAÇÃO DA CABRA

O Estúdio de Dança e Artes Marciais Savelli fica dobrando a esquina, passando um Red Lobster, um TGI Friday's, um Burger King e um posto Texaco, nos subúrbios de Cleveland, Ohio. A placa na porta anuncia aulas de "balé, sapateado, jazz, hip-hop, acrobacia aérea, ponta, *kickboxing* e defesa pessoal".

Eu havia telefonado a Guy Savelli algumas semanas antes. Eu me apresentei e perguntei se ele poderia descrever o trabalho que havia feito dentro do Laboratório de Cabras. O coronel Alexander havia me dito que Guy era um civil. Ele não tinha um contrato militar. Então parecia possível que ele falasse. Mas, em vez disso, houve um longo silêncio.

— *Quem* é você? — ele finalmente perguntou.

Eu lhe disse novamente. Então, ouvi um suspiro profundamente triste. Era algo mais do que "Ah não, não um jornalista". Soava quase como uivo contra as forças inescapáveis e injustas do destino.

— Liguei em má hora? — perguntei.
— Não.

— Então, você *esteve* no Laboratório de Cabras? — perguntei.

— Sim — ele suspirou novamente. — E sim, eu *realmente* matei uma cabra enquanto estive lá.

— Imagino que você já não pratique a técnica — falei.

— Sim, pratico — ele disse.

Guy ficou em silêncio novamente. E então disse, numa voz que soava triste e aflita:

— Semana passada, matei meu hamster.

— Só de olhar para ele? — perguntei.

— Sim — confirmou Guy.

Em carne e osso, Guy estava um pouco mais calmo, mas não muito. Nós nos encontramos na recepção de seu estúdio de dança. Ele é um avô, mas ainda saltitante e cheio de energia, movimentando-se pela sala como se estivesse possuído. Estava cercado por alguns de seus filhos e netos, e meia dúzia de seus alunos de *kun tao* esperavam ansiosamente pelos cantos do estúdio. Estava claro que algo estava prestes a acontecer, mas eu não sabia o quê.

— Então, você fez isso com seu hamster? — perguntei a Guy.

— Hein? — perguntou.

— Hamsters — repeti subitamente, sem muita certeza.

— Sim — confirmou. — Eles... — um olhar de desorientação atravessou seu rosto. — Quando faço isso — disse —, os hamsters *morrem*.

— Sério? — exclamei.

— Os hamsters me deixam louco — disse Guy. Ele começou a falar muito rápido. — Eles andam por todo o lado. Eu tentei fazer com que este ficasse quieto. Pensei, vou fazer com que fique indisposto, assim ele irá se entocar sob a serragem ou algo do tipo.

— Mas, em vez disso, você o fez morrer?

— Eu tenho isso em vídeo! — disse Guy. — Eu gravei. Você pode assistir ao vídeo. — Ele fez uma pausa. — Um rapaz cuidava do hamster toda noite.

— Como assim? — perguntei.

— Dava comida. Dava água.

— Então você sabia que era um hamster saudável — observei.

— Sim — disse Guy.

— E então começou a encará-lo — eu disse.

— Por três dias — suspirou Guy.

— Você deve odiar hamsters — eu disse.

— Não é que eu *queira* fazer isso com os hamsters — Guy explicou. — Mas, supostamente, se você é um *mestre*, você deve ser capaz de fazer esse tipo de coisa. A vida é só um soco e um chute? Ou é mais do que isso?

Guy entrou no carro e saiu para buscar seu vídeo caseiro do hamster sendo morto com um olhar. Enquanto ele se foi, seus filhos, Bradley e Juliette, ligaram uma filmadora e começaram a me filmar.

— Por que estão fazendo isso? — perguntei.

Houve um silêncio.

— Pergunte ao papai — disse Juliette.

Uma hora depois, Guy estava de volta. Ele carregava um punhado de papéis e fotografias junto com um par de vídeos.

— Ah, vejo que Bradley ligou a câmera — disse Guy. — Não se preocupe com isso! Nós filmamos tudo. Você não se importa, não é?

Guy colocou a fita no videocassete e começamos a assistir.

O vídeo mostrava dois hamsters numa gaiola. Guy me explicou que ele estava encarando um deles, tentando deixá-lo indisposto e visivelmente paranoico em relação a sua roda, enquanto o outro permaneceria fora do controle de seu olhar. Vinte minutos se passaram.

— Eu nunca vi um hamster — eu disse —, então eu...

— Bradley! — interrompeu Guy. — Você já teve um hamster?

— Já — respondeu Bradley.

— Você já viu um hamster fazer *isso* antes?

Bradley veio até a sala e assistiu ao vídeo por um instante.

— Nunca — ele disse.

— Veja a forma como ele está olhando para a roda! — disse Guy.

O hamster almejado de fato parecia subitamente desconfiado em relação à roda. Ele se sentou no canto mais afastado da gaiola, olhando para ela com receio.

— Esse hamster costuma *amar* sua roda — explicou Guy.

— Realmente parece estranho — eu disse —, mas devo dizer que emoções como circunspeção e cautela não são tão fáceis de se discernir em hamsters.

— Sim, sim — disse Guy.

— Haverá donos de hamsters lendo isso — eu disse.

— Ótimo! — disse Guy. — Então eles saberão como isso é *raro*. Seus leitores donos de hamster saberão disso.

— Sim — concordei —, eles saberão se esse é um comportamento anormal ou não.... Ele caiu! — eu disse.

O hamster havia caído. Suas patas estavam no ar.

— Estou concluindo a tarefa que eu queria — disse Guy. — Veja! O outro hamster correu até ele! Está em cima do outro! Isso é estranho! Isso é meio maluco, não é? Ele não se move! Aqui minha tarefa termina.

O segundo hamster caiu sobre o primeiro.

— Você matou os *dois* hamsters! — exclamei.

— Não, o outro só caiu sobre este — explicou Guy.

— OK — eu disse.

Houve um silêncio.

— Ele está morto, agora? — perguntei.

— Daqui a um minuto, ficará ainda mais estranho — disse Guy. Ele parecia estar se esquivando da pergunta. — *Agora!* Agora é mais estranho!

O hamster estava sem movimento. E permaneceu daquele jeito — totalmente imóvel — por 15 minutos. Então se chacoalhou e começou a comer novamente.

E aí o vídeo terminou.

— Guy — eu disse. — Eu não sei o que pensar disso. O hamster *realmente* parecia estar se comportando de um modo estranho em comparação com o outro hamster, mas, por outro lado, ele definitivamente não morreu. Eu pensei que você havia dito que eu ia vê-lo morrer.

Houve um breve silêncio.

— Minha esposa disse que não — explicou Guy. — Quando voltei para casa, ela disse: "Você não sabe se esse cara é um defensor dos fracos e oprimidos. Não mostre a ele o hamster *morrendo*. Em vez disso, mostre-lhe o vídeo em que o hamster age de modo estranho."

Guy me disse que o que eu tinha acabado de ver eram os destaques editados de dois dias contínuos de experiência com os hamsters. Foi no terceiro dia, conforme me contou, que o hamster caiu morto.

— Sou um fantasma — disse Guy.

Estávamos na recepção de sua escola de dança, abaixo do quadro de avisos, que está coberto de recordações dos sucessos da família de Savelli. Jennifer Savelli, filha de Guy, dançou com Richard Gere em *Chicago*. Ela dançou no 75º Oscar. Mas não havia nada na parede sobre Guy — nenhum recorte de jornal ou coisas do tipo.

— Você nunca saberia nada a meu respeito se o coronel Alexander não tivesse lhe dito meu nome — disse Guy.

Era verdade. Tudo o que pude encontrar sobre Guy nos jornais era a estranha notícia do *Cleveland Plain Dealer* sobre as premiações conquistadas por seus alunos em torneios locais. Esse outro lado de sua vida era totalmente desconhecido.

Guy folheou os papéis e as fotografias.

— Veja! — ele disse. — Veja isso!

Ele me entregou um diagrama.

— Guy — perguntei —, este é o Laboratório de Cabras?

— Sim — Guy confirmou.

Silenciosamente, Bradley me filmou estudando o diagrama do Laboratório de Cabras.

Então, Guy derrubou os papéis e fotografias, que se espalharam pelo chão. Ambos nos inclinamos para pegá-los.

— Ops — murmurou Guy. — Você não deveria ver *isso*.

Eu passei os olhos rapidamente. Momentos antes de Guy escondê-lo entre outros documentos, vislumbrei o que não deveria ter visto.

— Minha nossa! — exclamei.

— É — disse Guy.

Era uma fotografia pouco nítida de um soldado agachado perto de uma cerca, num campo coberto de geada. A fotografia parecia ter capturado o soldado no ato de matar uma cabra com golpes de caratê.

— Jesus — eu disse.

— Você não devia ter visto isso — disse Guy.

A história de Guy começou com um telefonema que recebeu inesperadamente no verão de 1983.

— Senhor Savelli? — disse uma voz. — Estou ligando das Forças Especiais.

Era o coronel Alexander.

Guy não era um militar. Por que estavam telefonando para ele? O coronel explicou que desde que seu último professor de artes marciais, Michael Echanis, morreu na Nicarágua em 1978, as Forças Especiais tinham praticamente parado de incorporar aquele tipo de técnica em seus programas de treinamento em Fort Bragg, mas eles estavam prontos para tentar outra vez. Ele explicou que eles o haviam escolhido porque o ramo de arte marcial que ele pratica — *kun tao* — tem uma dimensão mística única. Guy ensina a seus alunos que "somente com a total integração do mental, do físico e do espiritual se pode esperar sair ileso. Nossa intenção é ensinar essa forma integrada e mostrar aos outros como ter resultados paranormais excepcionais que são normalmente associados com fábulas para a juventude".

O coronel perguntou a Guy se ele poderia ir a Fort Bragg por cerca de uma semana, para experimentar. Ele seria capaz de substituir Michael Echanis? Guy disse que tentaria.

No primeiro dia, Guy ensinou aos soldados como quebrar placas de concreto com as mãos sem o uso de luvas, como suportar ser golpeado na nuca com um cabo de metal e como fazer uma pessoa esquecer o que está prestes a dizer.

— Como *você* faz uma pessoa esquecer o que está prestes a dizer? — perguntei a Guy.

— É fácil — ele disse. — Basta fazer isso. — Guy franziu o rosto e gritou: Nããããããããão!

— Sério? — perguntei.

— Nunca aconteceu, num jogo de bilhar, de você perder a tacada e querer que o adversário perdesse a dele também, e então você gritar "Nããããããããão"? E ele *perde* a tacada! É a mesma coisa.

— É tudo no mesmo tom de voz? — perguntei.

— Você diz isso *dentro* da sua cabeça — disse Guy, exasperado. — Você tem essa *sensação* dentro de você.

E foi então que, na primeira noite, as Forças Especiais mencionaram a Guy que tinham cabras. Guy disse que não podia se lembrar de quem desviou a conversa naquela noite, mas ele certamente se lembrava de, a certa altura, ter anunciado: "Vamos tentar."

— Então, na manhã seguinte — disse Guy — eles arranjaram uma cabra e nós começamos.

Enquanto Guy contava sua história, a atmosfera dentro do estúdio de dança permaneceu apreensiva. Bradley continuava a me filmar. De tempos em tempos, quando parávamos para conversar sobre férias ou sobre o tempo, eu pude perceber que os Savelli eram uma família adorável — unidos, fortes e inteligentes. Mas sempre que voltávamos ao assunto das cabras, o ânimo instantaneamente esfriava.

Acontece que a cabra que Guy encarou não havia sofrido a remoção de suas cordas vocais nem recebido um tiro na pata. Guy dissera que queria uma cabra normal e saudável, então foi isso o que lhe deram. Foi confinada numa pequena sala, que não tinha nada além de um soldado com uma câmera de vídeo. Guy se ajoelhou no solo em outra sala.

E ele começou a ter aquela sensação dentro de si.

— Eu imaginei uma estrada dourada indo até o céu — disse Guy. — E o Senhor estava lá, e eu andei até Seus braços, e tive um calafrio, e eu *sabia* que estava certo. Eu queria encontrar uma forma de derrubar a cabra. Temos essa imagem do arcanjo São Miguel com uma espada. Então eu pensei nisso. Pensei em São Miguel com a espada...

Guy representou a ação de São Miguel enfiando a espada violentamente numa cabra.

— ... atravessando a cabra e...

Guy bateu as mãos uma na outra.

— ... abatendo-a no solo. Dentro de mim, eu não conseguia nem respirar. Eu estava...

Guy encenou seu esforço por respirar.

— ... e você *acredita* nisso — disse. — Você *acredita* nisso. E depois de cerca de 20 minutos eu disse: "Lenny, é melhor você ir ver. Eu não tenho certeza."

"Lenny, das Forças Especiais, desapareceu na sala onde estavam as cabras. Ele voltou e anunciou, com surpresa e solenidade: 'A cabra está caída.'"

— E foi isso? — perguntei.

— Foi isso — disse Guy. — Ficou lá deitada por um instante, e então se levantou novamente.

— Esse é o fim da história? — perguntei.

— Não — disse Guy, tristemente. — Eu gostaria que fosse. Mas no dia seguinte eles quiseram que eu fizesse aquilo *de novo*. Mas, dessa vez, eles queriam que eu *matasse* a cabra. Eles disseram: *"Mate a cabra!"*

Ele ficou em silêncio, como se quisesse dizer: "Entende com o que eu tive que lidar?"

— Por que *matar* a cabra? — perguntei.

— Os militares — suspirou Guy. — Acho que eles pensaram que seria possível... sei lá...

— OK — eu disse.

Então, no terceiro dia, um novo experimento foi inventado. Guy disse às Forças Especiais para agrupar cerca de 30 cabras.

— Trinta cabras — Guy disse a eles. — Identifiquem-nas com números. Eu escolherei um número. Eu matarei a cabra.

Nessa ocasião, as Forças Especiais colocaram guardas armados em todo o perímetro do Laboratório de Cabras. Não houve tal segurança no dia anterior, possivelmente porque eles não haviam imaginado que uma cabra realmente seria derrubada. Mas dessa vez, conforme me contou Guy, a atmosfera era muito mais sombria. Trinta cabras, todas com números presos a suas costas, foram confinadas numa sala. Guy escolheu aleatoriamente o número 16. E começou.

Mas ele disse que, dessa vez, ele simplesmente não conseguia se concentrar. Sempre que ele se visualizava andando em direção aos braços do Senhor, sua meditação era interrompida pela lembrança de um soldado das Forças Especiais gritando "Mate a cabra!". Ele ia até a visualização da imagem de São Miguel, o arcanjo, mas quando ele estava prestes a cravar sua espada, o grito de "Mate a cabra!" novamente cortou a ligação psíquica entre Guy e o animal.

— Eu estava muito irritado — Guy disse. — De qualquer forma, quando Lenny se aproximou para olhar, a cabra 17 tinha caído morta.

— Dano colateral? — perguntei.

— Exato — disse Guy.

E assim, ele disse, foi o fim da sua história.

Exceto por uma última coisa. Guy me contou que, dez anos mais tarde, três soldados das Forças Especiais viajaram secretamente de Fort Bragg a Cleveland, depois de ouvir rumores de que Guy certa vez matara uma cabra com o olhar, em sua base. Eles queriam saber se isso era verdade. Queriam ver com seus próprios olhos. Eles queriam que Guy matasse uma cabra para eles.

Mas Guy disse que não. Ele havia matado cabras suficientes para uma vida inteira. Estava começando a sentir as forças obscuras do carma pousando sobre ele. Por isso lhes propôs um acordo. Ele ensinaria os soldados a fazê-lo por si próprios. Então, os homens das Forças Especiais combinaram de encontrar Guy no escritório de um veterinário local, que havia concordado em fornecer uma cabra e um aparelho de eletrocardiograma.

— Você envolveu um veterinário nessa? — perguntei, surpreso.

— Sim, o cara era meu amigo — disse Guy.

— E ele arranjou a cabra?

— Sim.

— E quanto ao juramento de Hipócrates? — perguntei.
— O quê? — disse Guy, um pouco irritado.
— Só estou surpreso que um veterinário civil tenha fornecido uma cabra para que alguns soldados pudessem encará-la até a morte.

Mas Guy encolheu os ombros e me disse para não pedir explicações; colocou uma fita no videocassete e apertou *play*.

E eu vi que era verdade. Uma imagem estranha oscilou na tela, a cena de abertura de um *snuff movie* com cabras. Uma cabra foi conectada a um equipamento de eletrocardiograma. O veterinário não podia ser visto, mas o escritório era claramente um consultório veterinário, com certificados na parede e vários implementos medicinais para animais espalhados. Dois soldados em trajes de combate estavam sentados em cadeiras de plástico tomando notas. A cabra berrou. Os soldados continuaram a tomar notas. A cabra berrou novamente. O equipamento de eletrocardiograma apitou. Os soldados fizeram novas anotações. Guy me deu uma cotovelada nas costelas.

— Ha! — ele disse. — Meu Deus! — riu baixinho. — Essa nem mesmo é a melhor parte.

— Alguém está encarando a cabra? — perguntei.
— Sim — ele disse. — Aquele cara.
— Qual deles? — indaguei. — Este ou aquele?
— Nenhum dos dois — disse Guy. — *Aquele*.

Guy apontou para algo que eu não havia notado no canto da tela — o sapato de um terceiro homem, fora da câmera.

Por outros dez minutos, o vídeo continuou a exibir os berros, o apito e as anotações.

— Vou ver algum tipo de reação física da parte da cabra? — perguntei a Guy.

— Está acontecendo agora! — disse Guy. — Olhe para a máquina. Os batimentos do coração estavam por volta de 60. Agora caíram para 55.

— Oh! — exclamei.

O vídeo terminou. Guy desligou a TV. Ele parecia um pouco aborrecido com meu tom de voz desapontado.

— Deixe-me esclarecer as coisas — eu disse. — O que acabei de ver era nível um.

— Certo — disse Guy. — A cabra estava conectada à força vital do homem fora da tela.

— E se você leva isso mais longe — eu disse —, ao nível dois, a cabra irá desabar, ou desmoronar, ou cair para a frente, ou tombar.

— Sim — disse Guy.

— Então o hamster era nível dois? — perguntei.

— Correto — confirmou Guy.

— E se você for ainda mais longe, a cabra ou o hamster morrem.

— Sim — Guy fez uma pausa. — Mas o nível um é alto! — ele disse. — Ei! O nível um é alto!

— É doloroso ser o recipiente do nível um? — indaguei.

— Não — disse Guy.

— Guy — eu disse imprudentemente —, você me congelaria?

Houve um silêncio.

— Não dessa vez — disse Guy amavelmente. — Quando você voltar, sim. Dessa vez, minha esposa disse "não". Ela disse: "Você não conhece essa pessoa." O que é verdade. Ela disse: "Não faça nada dessa vez." Ela disse que tenho demasiada confiança em todos. E eu tenho. Eu tenho, eu tenho.

Meu dia com os Savelli havia terminado; eu os agradeci e me preparei para ir embora. Foi quando Guy gentilmente deu um tapinha em meu ombro e disse:

— Há algo que você precisa saber.

— Mmm? — perguntei.

E ele me disse.

E então tudo fez sentido — o profundo suspiro que eu havia ouvido no telefone da primeira vez que liguei para ele, o choque no rosto de todos quando vi a fotografia da cabra sendo morta por golpes de caratê num campo congelado, Bradley me filmando o tempo todo. Guy me contou tudo, e quando ele terminou de explicar, eu disse:

— Ah, meu Deus.

Guy acenou com a cabeça concordando.

— Meu Deus — eu disse. — Sério mesmo?

— Mesmo — disse Guy.

— Jesus! — exclamei.

5. SEGURANÇA INTERNA

Seis anos antes da tentativa fracassada do major-general Albert Stubblebine III de atravessar a parede de seu escritório em Arlington, Virginia, o escritório não existia. Não havia INSCOM — o Comando de Inteligência e Segurança do exército americano. Havia apenas unidades de inteligência militar espalhadas pelo mundo de modo desordenado. De acordo com o autor Richard Koster, que serviu no 470º Destacamento de Contrainteligência no Panamá antes da época do general Stubblebine, era o caos.

— No final dos anos 1950 — disse-me Koster quando lhe telefonei para perguntar sobre aquele período —, havia telefonemas desesperados de um comandante para outro. "Precisamos expandir enormemente a Inteligência Militar. Queremos que você libere um número x de oficiais. Precisamos de um coronel, três majores, seis capitães e 15 tenentes para que sejam imediatamente designados para a Inteligência Militar." Então, o que você faz se recebe um telefonema como esse? Você pensa: "Ha! Vamos dar a eles todos os nossos vagabundos e ineptos." E foi isso o que fizeram. E foram esses os enviados à inteligência do exército, praticamente no mundo todo.

87

— Como eram as coisas no Panamá antes do general Stubblebine? — perguntei.

— Não eram muito eficientes — ele disse. — Houve uma rebelião aqui na Cidade do Panamá. Meu coronel veio correndo até mim. "Onde é essa rebelião?" Eu disse: "É bem em frente ao Palácio do Legislativo". Ele me perguntou onde ficava. "Vá até o Hotel Tivoli. Você a verá da sacada", respondi. Ele olhou para mim como se eu fosse Einstein porque eu tinha esse... *conhecimento*.

No final dos anos 1970, um brigadeiro-general chamado William Royla recebeu a tarefa de organizar toda a bagunça. Ele deveria formar uma espécie de CIA para o exército; seria chamada INSCOM. E, em 1981, o general Stubblebine — que havia ficado profundamente comovido com o *Manual de operações do Primeiro Batalhão da Terra*, de Jim Channon, e estava totalmente convencido de que a América, o grande superpoder, precisava ser defendida por pessoas que de fato tinham superpoderes — foi nomeado seu comandante.

Stubblebine era um homem de West Point com mestrado em Engenharia Química pela Universidade de Colúmbia. Ele aprendeu sobre o Primeiro Batalhão da Terra enquanto esteve na Escola de Inteligência do Exército no Arizona. Foi seu amigo e subordinado, o coronel John Alexander, o inventor da Espuma Aderente, que chamou sua atenção para o manual.

Agora, o general Stubblebine estava determinado a transformar seus 16 mil soldados em um novo exército, um exército de soldados capazes de dobrar metais com a mente e atravessar objetos e, consequentemente, jamais ter de passar novamente pelo trauma caótico de uma guerra como a do Vietnã. Quem iria querer se meter com um exército como aquele?

Além disso, a ocupação de Stubblebine como comandante da Inteligência Militar coincidiu com os cortes drásticos em seu orçamento. Aqueles eram os dias de recessão pós-Vietnã, e o Pentágono queria que seus soldados conquistassem mais com menos dinheiro. Aprender a atravessar paredes era um empreendimento ambicioso, mas barato.

E foi assim que a visão maluca de Jim Channon, iniciada por sua depressão pós-guerra, encontrou seu caminho rumo ao alto escalão do exército dos Estados Unidos.

Vinte anos mais tarde, na sala 403 do Tarrytown Hilton, ao norte de Nova York, assim que o general Stubblebine terminou de descrever suas tentativas fracassadas de atravessar paredes, ele olhou pela janela.

— Uma nuvem — ele disse.

Nós três — o general, sua segunda esposa, Rima, e eu — nos levantamos de nossas cadeiras.

— Jesus, Jon, eu não sei — disse o general. — Eu nunca fiz com uma grande assim.

Durante o dia todo, estivemos esperando que aparecesse o tipo certo de nuvem, de fato um *cumulus*, para que ele pudesse me mostrar que era capaz de rebentá-la só de olhar para ela. Ele disse que, de todos os seus poderes, esse era o mais fácil de se demonstrar.

— Qualquer um pode ver — ele havia me prometido — e qualquer um pode fazer.

— Aquela acima dos pinheiros — disse Rima. — Faça com *aquela*.

— Deixe-me ver — disse o general. Ele se levantou com muita calma e começou a olhar para cima em direção ao céu.

— Você está tentando dissipar aquela *ali*? — perguntei. — Não está longe demais?

O general me olhou como se eu fosse louco.

— *Todas* estão longe demais — retrucou.

— Lá! — disse Rima.

Eu percorri o céu com os olhos, tentando descobrir que nuvem o general estava tentando dissipar.

— Se foi! — exclamou Rima.

— A nuvem parece ter desaparecido — confirmou o general.

Sentamo-nos novamente. Então o general disse que não tinha certeza. Ele disse que as nuvens estavam se movendo tão rápido que não era possível concluir 100% que ele havia provocado o desaparecimento. Talvez tenha sido apenas a meteorologia.

— É difícil dizer quem estava fazendo o que com quem — disse o general.

O general Stubblebine contou que às vezes, durante longas viagens de carro, Rima dirigia e ele fazia as nuvens irem embora, e se fosse uma nuvem fofa sozinha no céu azul, era inequívoco. Ele olha fixamente: a nuvem se dissipa. Mas esse não era um daqueles momentos.

Em 1983, depois de dois anos como o comandante da Inteligência Militar, sua busca por um milagre inegável se tornou urgente. Ele precisava de algo para satisfazer seus comandantes no Pentágono, e precisava disso rápido, porque seu emprego estava em perigo.

O general Stubblebine estava frustrado por seu contínuo fracasso em atravessar paredes. O que havia de errado com ele que o impedia de conseguir atravessá-las? Talvez seus muitos afazeres o impedissem de alcançar o nível necessário de concentração. O general Manuel Noriega, principalmente, estava lhe causando grandes problemas no Panamá. Noriega era oficial comissionado do exército desde os anos 1970 — desde que o diretor da CIA George Bush autorizara seu recrutamento —, mas agora ele estava fora de controle.

Na CIA, os oficiais análogos ao general Stubblebine vinham usando a rede de pistas de aterrissagem secretas do Panamá para transportar armas aos Contras na Nicarágua. Depois que as armas eram entregues, os aviões voltavam ao Panamá a fim de reabastecer para a viagem de volta aos Estados Unidos. Noriega agarrou a oportunidade de carregá-los com cocaína. E foi assim que a CIA se envolveu no tráfico de cocaína de Noriega. Essa estranha aliança estava tornando os dois lados paranoicos, e quando o general Stubblebine visitou o Panamá, descobriu, para sua fúria, que Noriega havia grampeado seu quarto no hotel.

Foi nesse ponto que a batalha entre os dois generais — Noriega e Stubblebine — passou a ser sobrenatural. Noriega passou a atar faixas negras ao redor dos tornozelos e colocar em seus sapatos pequenos pedaços de papel com nomes escritos, para se proteger contra feitiços lançados pelos inimigos. Ele estava possivelmente passeando pela Cidade do Panamá com a palavra *Stubblebine* dentro de seus sapatos no exato momento em que o general estava tentando atravessar a parede. Como o general Stubblebine poderia se concentrar com esse tipo de loucura acontecendo ao seu redor?

O general Stubblebine revidou usando seus espiões paranormais contra Noriega. Essa era a equipe de Fort Meade, que agia de dentro de uma velha edificação de tábuas numa trilha arborizada em Maryland e que, por não existir oficialmente, não tinha orçamento para o café, um fato do qual vieram a se ressentir. Eles também estavam se tornando inquietos. Os escritórios eram claustrofóbicos e muitos deles não gostavam muito uns dos outros, para começar. Um deles, um major chamado Ed Dames, havia começado a espionar psiquicamente o monstro do Lago Ness durante os meses de inatividade, quando não havia muitos trabalhos militares paranormais em andamento. Ele determinou que era um fantasma de dinossauro. Essa descoberta irritou alguns dos outros, que o consideravam pouco científico e francamente implausível. Outro espião paranormal, David Morehouse, logo se submeteria a exames num hospital psiquiátrico em consequência de um excesso de espionagem paranormal.

Eles não conseguiam abrir a porta dos fundos. Depois de trancada, havia recebido pintura inúmeras vezes no decorrer dos anos. Ninguém sabia onde estava a chave. Durante um dia particularmente quente, eles quase desmaiaram lá dentro, e então começaram a discutir se deveriam arrombar a porta para que entrasse uma brisa.

— Não podemos — disse Lyn Buchanan. — Nós não *existimos*. Se chutarmos a porta, ninguém virá arrumá-la.

(Foi Lyn Buchanan que me contou essa história, quando o encontrei no verão de 2003 num hotel em Las Vegas.)

— Deixe comigo — disse o espião paranormal Joe McMoneagle. Ele desapareceu e voltou 20 minutos mais tarde, com um esboço detalhado da chave perdida, adivinhado psiquicamente. Joe McMoneagle, então, dirigiu até a cidade em busca de um chaveiro, pediu que ele confeccionasse uma chave com base no desenho, voltou à unidade, destrancou a porta dos fundos e a abriu através da pintura.

— Ah, Joe é bom — disse Lyn Buchanan. — Joe é muito bom.

Eu visitei Joe McMoneagle alguns meses depois. Atualmente, ele vive na Virginia. Eu mencionei a história de Lyn Buchanan sobre a chave. Depois que lhe contei o que Lyn havia dito, Joe sorriu com um ar um pouco culpado.

— Er... é verdade, eu busquei o chaveiro — admitiu.

Ele explicou que Lyn parecera tão deslumbrado, e que isso havia levantado de tal forma o moral dos espiões paranormais, que ele não teve coragem de esclarecer que, de fato, a porta foi aberta por meios convencionais.

As condições de trabalho em Fort Meade eram tão nefastas que uma teoria da conspiração começou a florescer no interior de suas paredes em ruínas. Lá eles eram, até então, soldados comuns que haviam sido escolhidos a dedo e iniciados em uma elite militar paranormal supersecreta, que se revelou totalmente monótona. Consequentemente, Lyn Buchanan e alguns de seus colegas passaram a acreditar que deveria haver *outra* unidade secreta paranormal, ainda mais profundamente arraigada, e supostamente com escritórios mais glamorosos que o deles.

— Eu comecei a pensar que estávamos lá para que fôssemos pegos — disse Lyn quando o encontrei em Las Vegas.

Lyn é um homem de olhar compassivo e aparência simples e amigável, que — por todas as condições de trabalho sombrias — vê sua época na velha unidade como a mais feliz de sua vida.

— Como assim, "para que fossem pegos"? — perguntei.

— Você sabe — disse Lyn. — Se o *National Enquirer* ficasse sabendo disso, o exército poderia ter dito a eles: "sim, nós *realmente* temos uma unidade paranormal secreta. Aqui está."

Entregar os paranormais — postulou Lyn com certo sarcasmo — para que os *outros* paranormais, quem quer que fossem eles, tivessem paz para continuar seu trabalho ainda mais secreto.

Então, no verão de 1983, quando o general Stubblebine pediu à equipe que adivinhasse em que aposento de uma mansão particular na Cidade do Panamá estava hospedado o general Noriega, e em que Noriega estava pensando enquanto estava lá, eles entraram em ação, felizes por ter algum passatempo.

Simultaneamente, o general Stubblebine ordenou que uma equipe de espiões não paranormais alugasse um apartamento na mesma rua. A coordenação era crítica. No momento em que os paranormais de Fort Meade forneceram suas adivinhações, o general Stubblebine telefonou aos não paranormais no Panamá e ordenou que eles escalassem os muros, entrassem na mansão e implementassem escutas nos aposentos de Noriega. Infelizmente, dois dos cães de guarda de Noriega foram alertados durante o assalto surpresa e perseguiram os não paranormais, que tiveram de pular os muros de volta.

O general Noriega reagiu a esse assalto colocando um grande amuleto ao redor do pescoço e dirigindo a uma praia próxima onde seu feiticeiro pessoal, um brasileiro chamado Ivan Trilha, ergueu uma cruz iluminada para afastar os operativos da inteligência americana.

O general Stubblebine também recebeu seus adversários em casa. Seu oficial superior, o general John Adams Wickham, o chefe de Estado-maior do exército americano, não era um fã dos paranormais. Em uma sofisticada festa de gala num hotel em Washington, o general Stubblebine havia tentado cativá-lo dobrando um talher de metal no bolso de seu smoking, mas o general Wickham retrocedeu, horrorizado.

O motivo para que o general Wickham reagisse daquela forma aos talheres dobrados pode ser encontrado no Deuteronômio capítulo 18, versículos 10-11:

> Não se achará dentre vós quem faça passar seu filho ou filha pelo fogo, *nem* quem use adivinhação (...), nem feiticeiro, nem bruxo, nem encantador, nem quem evoque espíritos familiares, nem mago, nem necromante.

O general Wickham acreditava, e de fato disse aos colegas, que o Satã havia de alguma forma controlado a alma do general Stubblebine. Foi Satã, e não o general Stubblebine, quem dobrou o garfo.

Em administrações posteriores da Casa Branca, incluindo a de George W. Bush, o general Wickham continuou a impor respeito. Em sua autobiografia, Colin Powell se refere duas vezes a ele como "meu mentor", e, em junho de 2002, ele recebeu o "American Inspirations Award" de George W. Bush por seu trabalho como parte do The Presidential Prayer Team, uma comunidade de três milhões de norte-americanos que, toda semana, acessam o presidentialprayerteam.org, para que lhes digam por que devem rezar:

> Reze pelos esforços que estão sendo empregados na guerra contra o terror, para que o presidente e todas as suas fontes de inteligência obtenham as informações mais úteis para proteger a América. Reze para que eles tenham sabedoria divina na maneira como lidam com cada informação. Reze pela eficiência de uma nova iniciativa de obtenção de impressões digitais que identificará viajantes estrangeiros ao entrarem na América. Reze pelos fortes laços entre o Sr. Bush e o Sr. Blair. Reze para que o presidente continue a ser guiado pelo Senhor em suas deliberações com o Reino Unido.

E assim por diante. O general Stubblebine talvez tenha sugerido ao general Wickham que grupos de reza não eram muito diferentes de iniciativas do tipo dobrar colheres; ambas eram tentativas de usar o poder da mente para influenciar as coisas de longe, mas o verdadeiro inimigo do general em relação a essa lógica era o Deuteronômio, capítulo 18, versículos 10-11.

O mais engraçado, e algo que o general Wickham não sabia, é que o general Stubblebine tinha de fato assumido cada uma das abominações acima perante o Senhor durante o período em que esteve no comando da inteligência do exército, com a exceção de fazer seu filho ou filha atravessar o fogo, embora *ele próprio* tivesse andado sobre o fogo nas montanhas da Virginia, sob a tutela do guru da autoajuda Anthony Robbins.

O general Wickham, com sua interpretação inflexível do Deuteronômio, estava tornando insustentável a posição do general Stubblebine, daí sua necessidade urgente de propor um milagre incontestável. De volta à casa em Arlington, suas tentativas de levitação durante a madrugada não tiveram sucesso. O general atribuiu também esse fracasso a seus inúmeros afazeres, e, por isso, finalmente viajou a Fort Bragg numa tentativa de convencer as Forças Especiais a explodir o coração de animais só de olhar para eles. Se ele não tinha tempo de aperfeiçoar esses poderes, talvez eles tivessem.

É difícil prever se o general Stubblebine encontrou interesses semelhantes em seu comandante em chefe, o presidente Reagan. O presidente parecia ter um pé de cada lado. O chefe de gabinete, Donald Reagan, escreveu em suas memórias: "praticamente toda ação e decisão importante que os Reagan tomaram durante minha época como chefe de gabinete da Casa Branca foi antes esclarecida com uma mulher em São Francisco que redigia horóscopos para ter certeza de que os planetas estavam num alinhamento favorável para a empreitada."

Essa mulher, cujo nome era Joan Quigley, definiu o momento exato em que o presidente assinaria o tratado de Forças Nucleares Intermediárias em 1987. Atualmente, Joan Quigley atende pelo título supostamente não autorizado de "astróloga presidencial Joan Quigley".

Mas o presidente também compartilhava com seu amigo, o general Wickham, um respeito de longa data pelos fundamentos da Bíblia. Quando os estados de Arkansas e Louisiana aprovaram uma lei que estabelecia o ensino do criacionismo em escolas públicas, o presidente comemorou a iniciativa, anunciando: "a América religiosa está despertando!"

Quando telefonei ao general Wickham a fim de ouvir sua versão da festa de gala, ele disse que se lembrava bem. Foi um grande jantar num lugar chamado Quarters One. Sim, ele havia se retraído; explicou que, sendo cristão, você tem que aceitar que o sobrenatural está vivo, e que às vezes se manifesta de maneiras fantasmagóricas. Mas o general Stubblebine era, de modo geral, "um dos caras bons".

— Eu realmente fiquei um pouco intrigado — disse-me o general Wickham.

O general Stubblebine viu um lampejo de curiosidade atravessar o rosto do general Wickham durante a festa, e percebeu que aquele poderia ser um momento único na história do exército. Se ele ao menos pudesse seduzir seu chefe de gabinete sabidamente cristão realizando uma demonstração paranormal ali mesmo, talvez esse fosse o momento em que o sobrenatural começaria a ser oficialmente reconhecido pelo exército dos EUA.

É por isso que o general Stubblebine agarrou a oportunidade e disse ao general Wickham:

— Eu posso lhe mostrar isso *agora*, se você quiser. Eu posso dobrar uma colher para você agora.

E, conforme me contou o general Wickham, esse foi o erro do general Stubblebine.

— Eu não queria que ele dobrasse uma colher no meio de uma *festa* — disse. — Não era o lugar apropriado para isso.

Foi exatamente esse tipo de excesso de entusiasmo que levou o general Stubblebine a uma reforma precoce e forçada.

Mas a guerra sobrenatural contra Manuel Noriega não terminou com a saída do general Stubblebine. Cinco anos mais tarde, em dezembro de 1989, os Estados Unidos iniciaram a Operação Justa Causa para depor Noriega e levá-lo a julgamento por tráfico de drogas. Mas quando as tropas americanas chegaram no Panamá, descobriram que Noriega havia ido para um esconderijo.

Uma agência do governo norte-americano (o sargento Lyn Buchanan me disse que não se lembrava qual era e, de todo modo, a informação provavelmente ainda era secreta) convocou os espiões paranormais. Onde estava Noriega? Lyn Buchanan sentou-se dentro da construção de madeira em Fort Meade, entrou em transe e recebeu "um poderoso impulso a respeito da localização de Noriega".

— Perguntem a Kristy McNichol — escreveu repetidas vezes num pedaço de papel. — Perguntem a Kristy McNichol.

O sargento Buchanan tinha certeza de que a atriz de TV Kristy McNichol, que apareceu em *Starsky & Hutch: Justiça em dobro,* as minisséries da ABC *Family, A mulher biônica* e *The love boat II*, era a chave para que se descobrisse o paradeiro do general Noriega. Naquela época, em dezembro de 1989, Kristy McNichol tinha acabado de gravar um especial para a CBS, *Candid Camera! The first 40 years,* tinha uma participação especial em *Murder, she wrote* e havia estrelado no suspense erótico *Two moon junction.*

— Perguntem a Kristy McNichol — Lyn escrevia sem parar, em seu estado de transe.

Nesse momento, Lyn Buchanan parou e disse que não sabia se alguém havia agido com base em seu pressentimento. Ele explicou que, devido à forma como era estruturada a unidade secreta paranormal, ele raramente era informado sobre o que acontecia depois de ter comunicado seu pressentimento. Ele não fazia ideia se as autoridades norte-americanas entraram em contato com Kristy McNichol.

Então, tentei perguntar a ela por conta própria. Eu lhe enviei um e-mail para perguntar se por acaso ela sabia onde o general Manuel Noriega se escondeu em dezembro de 1989. Além disso, eu queria saber se era a primeira pessoa a tê-la abordado sobre esse assunto, ou se outros, talvez agentes da inteligência dos EUA, já haviam entrado em contato com ela no passado.

Eu nunca obtive uma resposta.

Para os agnósticos, não é fácil aceitar a ideia de que nossos líderes, e os líderes de nossos inimigos, às vezes parecem acreditar que a tarefa de gerenciar os assuntos mundiais deve ser realizada tanto na dimensão convencional como na sobrenatural.

No decorrer de um ano ou dois, contatei todas as pessoas que pude encontrar que haviam conhecido Jim Channon durante sua odisseia californiana do final dos anos 1970. Uma delas era Stuart Heller. Stuart havia sido apresentado a Jim por uma amiga em comum, Marilyn Ferguson — a renomada autora de *A conspiração aquariana*. Stuart me disse que Jim era "simplesmente maravilhoso".

Hoje, Stuart ensina a executivos a arte de controlar o estresse. Ele visita a Apple, a AT&T, o Banco Mundial e a NASA, e ensina seus gerentes a se manterem centrados e tranquilos no meio do alvoroço do local de trabalho. Ele é um dos inúmeros gurus similares que viajam de negócio em negócio por todo o mundo ocidental, cumprindo a profecia de Jim de que "o que está se desenvolvendo hoje na Costa será o valor nacional daqui a dez anos".

Em certo momento durante minha conversa com Stuart, resolvi perguntar se ele conhecia alguém que fosse a personificação do Primeiro Batalhão da Terra. Stuart instantaneamente respondeu:

— Bert Rodriguez.

— Bert Rodriguez? — repeti.

— Ele é um dos caras mais espirituais que já conheci — disse Stuart. — Meu irmão mais novo é um de seus alunos. Eu nunca conheci ninguém como Bert. Sua academia é sempre cheia de ex-militares, ex-Forças Especiais. Espiões secretos. E no meio deles está meu irmão magrelo.

Eu digitei o nome Bert Rodriguez numa ferramenta de busca, e minha tela carregou a foto de um cubano com um bigode preto, de cabeça raspada e olhar intenso, congelado no ato de jogar um homem grande e suado contra a parede, em sua academia — o Centro de Condicionamento US I, em Dania Beach, Flórida.

— Certa vez, Bert fez meu irmão se deitar no chão — disse Stuart — e colocou um pepino sobre seu peito, colocou uma venda sobre os olhos e *iá*! Cortou o pepino na metade com uma espada de samurai. Não cortou meu irmão. *De olhos vendados!*

— Caramba! — exclamei.

— Bert é um dos caras mais espirituais que já conheci — disse Stuart. — Não. Espiritual é a palavra errada. Ele é ocultista. Ele é como a personificação da morte caminhando. Ele pode pará-lo a distância. Ele pode influenciar eventos físicos apenas com a mente. Se ele consegue sua atenção, é capaz de detê-lo sem tocá-lo.

Stuart fez uma pausa.

— Mas ele não fala dessa forma. Ele é o cara mais Primeiro Batalhão da Terra que eu conheço, mas é incapaz de verbalizar isso. Ele é um lutador de rua de Cuba. Com Bert, é simplesmente instintivo. Mas *todo mundo* pode ver. É por isso que as pessoas vêm treinar com ele.

Em abril de 2001, Bert Rodriguez recebeu um novo aluno. Seu nome era Ziad Jarrah. Certo dia, Ziad simplesmente

102

apareceu no Centro de Condicionamento US I e disse que tinha ouvido que Bert era bom. Por que Ziad escolheu Bert, dentre todos os instrutores de artes marciais espalhados pelo litoral da Florida, é um mistério. Talvez sua reputação ocultista o precedesse, ou talvez fossem suas conexões no exército. Além disso, Bert certa vez ensinara o chefe de segurança de um príncipe saudita. Talvez fosse isso.

Ziad disse a Bert que era um homem de negócios que viajava constantemente e queria aprender como se defender caso fosse atacado por um grupo.

— Eu gostava muito de Ziad — disse Bert Rodriguez quando lhe telefonei. — Ele era muito humilde, muito quieto. Estava em boa forma. Era muito diligente.

— O que você lhe ensinou? — perguntei.

— O estrangulamento — respondeu Bert. — Você usa isso para fazer alguém dormir ou para matá-lo. Eu lhe ensinei o estrangulamento e o espírito camicase. Você precisa de um código pelo qual morreria, um desejo do tipo "fazer ou morrer". E é isso o que lhe dá o sexto sentido, a capacidade de ver *a mente* do adversário e saber se ele está blefando. É. Eu lhe ensinei o estrangulamento e o espírito camicase. Ziad era jogador de futebol. Eu prefiro ter um jogador de futebol ao meu lado numa luta a um faixa preta do *tae kwon do*. O jogador de futebol pode se esquivar e cavar uma falta.

Houve um silêncio.

— Ziad era como Luke Skywalker — disse Bert. — Sabe quando Luke percorre o caminho invisível? Você tem que acreditar que está lá. E se você acredita, *está* lá. É. Ziad acreditava. Ele era como Luke Skywalker.

Bert treinou Ziad por seis meses. Gostava dele, tinha compaixão por sua rígida educação no Líbano. Ele deu a Ziad cópias de três de seus manuais de treinamento de luta com facas, e Ziad os passou a um amigo, Marwan al-Shehhi, que estava hospedado no começo da rua, no quarto 12 do Panther Motel & Apartments em Deerfield Beach, Flórida.

Sabemos disso porque, quando Marwan al-Shehhi saiu do hotel em 10 de setembro de 2001, ele deixou para trás um manual de voo para um Boeing 757, uma faca, uma mochila de lona preta, um dicionário inglês-alemão e três manuais de artes marciais escritos por Bert Rodriguez, o homem que Stuart Heller havia definido como "o cara mais Primeiro Batalhão da Terra" que ele conhecia.

Marwan al-Shehhi tinha 23 anos quando saiu do Panther Motel, pegou um avião para Boston, trocou de aeronave, assumiu o controle do voo 175 e o chocou com a torre sul do World Trade Center.

Ziad Jarrah tinha 26 anos quando assumiu o controle do voo 93 da United Airlines e o avião caiu num campo na Pensilvânia, a caminho de Washington D.C.

— Quer saber? — disse Bert. — Eu acho que o papel de Ziad foi ser o pirata aéreo com cérebro. Ele ficaria para trás para garantir que o trabalho havia sido concluído, que a tomada do avião estava completa. — Bert parou. — Se você ama um filho e ele se torna um assassino em massa, você não deixa de amá-lo, não é?

O papel de Guy Savelli na guerra contra o terror começou quando, em poucos dias, meia dúzia de estranhos o contataram via e-mail e telefone no inverno de 2003. Eles lhe perguntaram se ele tinha o poder de matar cabras com a mente. Guy estava perplexo. Ele não andou por aí divulgando o fato. Quem eram esses homens? Como eles sabiam sobre as cabras? Ele fingiu um tom de voz despreocupado e disse:

— Claro, eu posso.

Imediatamente, telefonou para as Forças Especiais.

Ele disse às Forças Especiais que todos os que o haviam contatado eram *muçulmanos*, com a possível exceção de um certo britânico (eu). Os outros estavam certamente enviando e-mails de países muçulmanos, eixos de países mal-intencionados, de fato. Isso nunca tinha lhe acontecido antes. Seriam da al-Qaeda? Seriam agentes de Bin Laden desejando aprender como matar pessoas com o olhar? Era esse o início de uma nova subdivisão paranormal da al-Qaeda?

As Forças Especiais instruíram Guy a me encontrar, porque era muito provável que eu também fosse da al-Qaeda.

— Tenha cuidado com o que diz para ele — recomendaram.

Fiquei surpreso em descobrir que as Forças Especiais tinham até falado com Guy na mesma manhã em que o visitei. Enquanto eu tomava café no Red Lobster, eles telefonaram para Guy e disseram:

— Ele já apareceu? Tenha cuidado. E filme-o. Tenha-o em vídeo. Queremos saber quem são essas pessoas...

Não tenho certeza de em que momento durante o dia que passamos juntos Guy concluiu que eu não era um terrorista islâmico. Talvez tenha sido quando descobri que sua filha dançou com Richard Gere no filme *Chicago* e gritei:

— Catherine Zeta Jones estava *brilhante* nesse filme!

Nem mesmo um terrorista ultrassecreto da al-Qaeda teria tanta presença de espírito.

Eu sei que, durante toda a nossa conversa sobre os hamsters, Guy permaneceu convencido de que eu não era um jornalista de verdade. Quando falei de meus "leitores donos de hamsters", Guy me olhou com desconfiança porque ele pensava que eu não tinha nenhum leitor, e que no dia seguinte eu estaria relatando os acontecimentos não ao público, mas a um grupo terrorista.

Esse era o motivo — conforme me explicou Guy — de tanto alarde quando vi a fotografia do soldado que matou uma cabra com golpes de caratê. Não era um golpe comum. Era o toque da morte.

— O toque da morte? — perguntei.

Guy me contou sobre o toque da morte. Era, segundo ele, o lendário *dim mak*, também conhecido como a mão de veneno. O toque da morte é um golpe muito leve. A cabra está longe de ter sido golpeada. Sua pele não está partida. Não há nem mesmo um machucado. A cabra ficará lá com uma expressão aturdida na cara por cerca de um dia, até que subitamente cairá morta.

— Imagine se a al-Qaeda tivesse esse tipo de poder — disse Guy. — Olhar fixamente é uma coisa. O toque da morte é outra completamente diferente. É por isso que ficamos todos tão atordoados quando você viu a foto. Ainda não sabíamos se *você* era da al-Qaeda.

E foi então que a vida de Guy deu uma estranha reviravolta. Ele seria um instrutor de dança e artes marciais durante o dia e um agente secreto infiltrando-se numa unidade paranormal da al-Qaeda, até então desconhecida, à noite?

Durante as semanas seguintes, Guy e eu mantivemos contato.

— Eu me encontrei com *outro* departamento — ele me contou durante uma conversa telefônica.

— A segurança interna? — perguntei.

— Não posso lhe dizer *isso* — respondeu Guy. — Mas eles têm certeza de que um dos caras que me contataram é da al-Qaeda. Eles têm *certeza* disso.

— Como eles sabem? — indaguei.

— O nome bate — disse Guy. — O telefone também. O telefone está numa *lista*.

— O que disse o pessoal da inteligência? — perguntei.

— Eles disseram: "Sim, sim. Ele é um dos caras, com certeza."

— Al-Qaeda?

— Al-Qaeda — confirmou Guy.

— Você é uma *isca*? — perguntei.

— É o que parece — disse Guy. — Essa história está ficando meio perigosa.

— Você é uma isca — eu disse.

— Eu lhe digo, Jon — disse Guy —, esses caras da inteligência me veem como um cachorro. Um *cachorro*! Eu disse a eles: "eu tenho família." "Sim, sim", disseram. "Ter uma família é muito, muito bom." Somos realmente prescindíveis. Vou terminar pendurado num poste de luz. Num maldito *poste de luz*. — Nesse ponto, ouvi a mulher de Guy dizer: — Muito engraçado.

— Um minuto — disse Guy.

Guy e sua esposa tiveram uma conversa abafada.

— Minha mulher diz que eu não deveria estar falando desse modo no telefone — disse. — Vou desligar.

— Mantenha-me informado — pedi.

E Guy o fez. Conforme mudavam os vários esquemas para capturar a possível subdivisão da al-Qaeda, ele me mantinha informado dos desdobramentos. O plano A era que Guy convidasse essas pessoas à América. Então o pessoal da inteligência mudou de ideia, dizendo a Guy:

— Não os queremos *aqui*.

O plano B, muito mais arriscado, era que Guy viajasse ao país *deles*. Ele lhes ensinaria um poder paranormal relativamente benigno e, na volta, relataria tudo o que viu ou ouviu.

Guy disse a eles:

— De jeito nenhum.

O plano C era que Guy se encontrasse com eles em território neutro — talvez em Londres. Ou na França. O plano C se adequava a ambos os lados e parecia ser o mais provável de se levar adiante.

— Eu adoraria que você estivesse lá — disse Guy.

Guy me enviou um trecho de um e-mail em inglês mal escrito que, conforme me contou, era "certamente, seguramente" escrito por um espião da al-Qaeda:

Dear sir Savelli,
    I hope you are fine and fit. I am bussy in my champion ship my champion ship is going sucsess ful. Sir Savelli, please

tell me if I apply to affiliation in your Federation so what is a prosiger please tell me a detal.

[Caro senhor Savelli,
    Espero que esteja bem e com saúde. Estou ocupado em meu campeonato; está sendo um sucesso. Senhor Savelli, por favor me diga se posso solicitar a afiliação em sua Federação, e como devo proceder; por favor, me dê os detalhes.]

E era isso. Havia duas situações possíveis. Ou Guy estava no meio de uma sensacional operação de captura, ou um desafortunado jovem entusiasta das artes marciais, que tudo o que queria era se juntar à federação de Guy, estava prestes a ser deportado à baía de Guantánamo. Tudo o que podíamos fazer era esperar.

6. PRIVATIZAÇÃO

Esta tem sido, até agora, uma história sobre coisas secretas realizadas na clandestinidade dentro de bases militares nos Estados Unidos. De tempos em tempos, alguns resultados palpáveis desses esforços ocultos têm se tornado parte da vida cotidiana, mas sempre totalmente destituídos de suas origens sobrenaturais. Nenhuma das pessoas que chegaram a ter contato com a Espuma Aderente do coronel Alexander, por exemplo — nem os prisioneiros que foram grudados a suas celas por meio dela, nem as equipes de TV que filmaram sua utilização parcialmente desastrosa na Somália, e nem mesmo, suponho, os soldados que a levaram ao Iraque na esperança de borrifá-la sobre as armas de destruição em massa — tinha conhecimento de que ela era o produto de uma iniciativa paranormal do final dos anos 1970.

Entretanto, subitamente, em 1995, uma parte considerável dessa loucura vazou da comunidade militar e chegou ao mundo civil. O homem responsável pelo vazamento era um prodígio errante do general Stubblebine.

O que aconteceu foi o seguinte.

Durante sua infância nos anos 1970, Prudence Calabrese adorava assistir *Dr. Who* e documentários científicos. Ela cresceu numa mansão deteriorada na Nova Inglaterra. Quando seus pais saíam nas noites de sábado, as crianças imediatamente buscavam seu tabuleiro Ouija feito em casa e tentavam contatar o fantasma da antiga proprietária, que, segundo se dizia, havia tentado se enforcar no celeiro por ser alcoólatra e impopular com os vizinhos. Elas davam festas do pijama com sessões espíritas.

— Nós queríamos ter experiências diferentes — Prudence me contou quando nos sentamos à mesa de sua cozinha em Carlsbad, San Diego. — Costumávamos nos reunir, acender velas, apagar as luzes e tentar levantar uma mesa apenas tocando nela.

— E alguma vez levantaram? — perguntei.

— Sim — disse Prudence. — Mas éramos crianças. Hoje eu não saberia dizer se todo mundo simplesmente fez um pouco mais de esforço, tornando possível levantar a mesa.

— Com os joelhos? — perguntei.

— Sim — disse Prudence. — É difícil dizer.

Às vezes, Prudence e seus amigos corriam para fora e tentavam ver óvnis. Eles acreditam ter visto um, certa vez.

Prudence foi para a universidade local, mas engravidou quando tinha 18 anos. Então, deixou a faculdade e começou a gerenciar um estacionamento de *trailers* com seu primeiro marido, Randy. Ela arranjou um segundo emprego como dançarina fantasiada de porco na feira estatal, voltou para a faculdade, estudou física, abandonou, teve mais quatro filhos, ensinou dança do ventre a aposentadas em

Indiana e finalmente acabou casada com um cara chamado Daniel num apartamento em Atlanta, gerenciando um negócio de web design. Foi aqui, em 1995, que Prudence certa noite ligou a TV. Um militar aparecia na tela.

— O que ele estava dizendo? — perguntei a Prudence. — Ele não disse que era um Obi-Wan Kenobi da vida real?

— Essas são exatamente as palavras que ele usou — disse Prudence. — Um Obi-Wan Kenobi da vida real.

— Trabalhando para o exército dos EUA?

— Trabalhando para o exército dos EUA — confirmou Prudence.

— E até aquele momento, ninguém sequer sabia que essas pessoas existiam? — perguntei.

— Pois é — disse Prudence. — Até aquele momento, eles haviam se mantido completamente secretos. Ele estava falando sobre o modo como utilizava apenas a mente para acessar qualquer coisa em todo o universo. E como o exército o usou, e a outros espiões paranormais como ele, para impedir guerras e descobrir segredos de outros países. Ele disse que eram chamados clarividentes. Segundo contou, ele era parte de uma equipe secreta de espiões paranormais, e era um dos líderes da unidade. E ele realmente não se parecia com o que se espera de alguém assim. Ele não parecia ter poderes supersecretos.

— Como ele era?

Prudence riu.

— Baixo e esquelético e tinha esse corte de cabelo maluco dos anos 1970, e um bigode. E ele nem mesmo se parecia com um militar, menos ainda com um espião paranormal.

Ele parecia simplesmente uma pessoa estranha, alguém que você veria na rua.

O homem na TV disse que tinha habilitação de segurança de nível máximo. Ele disse que sabia a localização exata de Saddam Hussein e da arca da aliança. Prudence estava estarrecida. Enquanto assistia à TV, suas paixões de infância há muito esquecidas voltaram: o tabuleiro Ouija, *Dr. Who*, os projetos de ciências que ela costumava desenvolver na escola.

— Eu me lembrei de por que gostava tanto de ficção científica e de ler todas aquelas histórias sobre paranormais e alienígenas.

Prudence decidiu, naquele momento, que isso era o que ela queria fazer com sua vida. Ela queria ser como o homem na TV, saber as coisas que ele sabia, ver as coisas que ele via.

O nome dele era major Ed Dames.

O general Albert Stubblebine parecera satisfeito ao discutir comigo sua incapacidade de atravessar paredes e levitar, e seu aparente fracasso em fazer com que as Forças Especiais se interessassem por sua iniciativa de explodir o coração de animais. Ele me narrou aqueles incidentes num tom alegre, mesmo não sendo boas lembranças para ele. O único momento durante nossos encontros em que um olhar angustiado atravessou seu rosto foi quando a conversa mudou para o assunto de seu prodígio, o major Ed Dames.

— Ele ter falado me irritou tanto — disse o general. — Lá estava ele, blá, blá, blá, blá, blá. — O general fez uma pausa. — Blá, blá, blá, blá, blá — disse, com tristeza. — Se alguém merecia ter uma mordaça colocada em sua boca, esse alguém era Ed Dames. Ele *claramente* estava falando quando deveria estar ouvindo. Muito decepcionante.

— Por quê?

— Ele havia feito a mesma promessa que eu: "Eu prometo não divulgar." Mas passou por cima de todo mundo para falar. Ele estufou o peito. "Eu era um deles!" Ele queria ser rei.

Ed Dames havia sido um dos recrutados pessoalmente pelo general Stubblebine. Quando o general assumiu o comando da unidade secreta paranormal em 1981, ele permitiu que um monte de colegas entusiastas de dentro do exército participassem do programa. Até aquele momento, a pesquisa paranormal do governo dos EUA era centrada em três homens: um ex-policial e empreiteiro chamado Pat Price; e dois soldados, Ingo Swann e Joe McMoneagle. Com a exceção dos céticos mais radicais, todos consideravam que esses três tinham algum tipo de dom incomum (o dom de Joe McMoneagle aparentemente se manifestou depois que ele caiu de um helicóptero no Vietnã).

Mas o general Stubblebine acreditava veementemente na doutrina do Primeiro Batalhão da Terra, segundo a qual todo ser humano, enquanto vivesse, seria capaz de realizar milagres sobrenaturais, e então ele escancarou as portas da unidade secreta, e Ed Dames foi um dos seus.

Quando criança, Ed Dames havia sido um grande fã do Pé-grande, de óvnis e de programas de ficção científica. Ele ouviu rumores sobre a unidade enquanto estava alojado, como de costume, na rua dos espiões paranormais em Fort Meade, e então pediu ao general Stubblebine que o deixasse entrar. Talvez seja por isso que o general continue tão furioso com Ed Dames, nove anos depois que Prudence o viu revelar os segredos da unidade na TV aquela noite. Talvez ele se sinta parcialmente responsável pelas coisas terríveis — envolvendo Prudence — que aconteceram em seguida.

Em 1995, Ed subitamente revelou tudo, o que veio a se repetir em muitas outras ocasiões. Ele passou a aparecer em programas de TV e de rádio. Ele não mencionou nada sobre matar cabras com um olhar, nem sobre atravessar paredes, nem sobre o Primeiro Batalhão da Terra, mas falou com gosto sobre a unidade secreta paranormal.

Mas foi o programa de Art Bell que realmente o transformou numa celebridade.

Art Bell é transmitido da pequena cidade de Pahrump, no deserto de Nevada. Pahrump raramente é notícia, embora já tenha sido manchete por registrar o maior índice de suicídio *per capita* dos EUA. Dos 30 mil habitantes de Pahrump, 19 estão inclinados a se matar a cada ano. Pahrump é também o lar do bordel mais famoso do mundo, o Chicken Ranch, a algumas ruas empoeiradas da casa de Art Bell, que é azul e comprida, e rodeada por uma cerca e diversas antenas. Art Bell pode estar localizado no meio do nada, e seu programa pode ir ao ar a altas horas da noite, mas é retransmitido por mais de 500 estações de rádio AM para uma audiência que fica em torno de 18 milhões de americanos.

PRIVATIZAÇÃO

Ouvi dizer que, no pico de audiência, Art Bell teve 40 milhões de ouvintes, muitos dos quais foram atraídos pela aparição de Ed Dames. Dames se tornou uma espécie de integrante regular no programa. Este é um típico trecho de uma de suas aparições em 1995:

ART BELL: Se você se lembra, o governo, há muitos anos, tem gasto um monte de dinheiro, tempo e esforço em visão remota. Então, não é tão louco quanto possa parecer. Estou com o major Dames na linha. Sei que está muito, muito tarde. Major, bem-vindo ao programa.

ED DAMES: Obrigado, Art.

ART BELL: O que o senhor pode nos contar?

ED DAMES: Bem, além de nosso treinamento, e dos contratos de alto nível que realizamos para várias agências — rastreando terroristas para o governo — temos informações de que bebês humanos logo estarão morrendo, muitos bebês humanos... Parece haver um vírus bovino de Aids se desenvolvendo. Essa Aids bovina se tornará uma afronta toxicológica aos bebês humanos, e o número de mortes será relativamente grande.

ART BELL: Meu Deus. Uau!... Não há saída, hein?

ED DAMES: Não, não parece haver uma saída.

ART BELL: Ah, Deus, essa notícia é *terrível*.

Art Bell tem sido anfitrião de muitos profetas do apocalipse no decorrer dos anos, mas o incrível é que esse era um major do exército dos EUA com habilitação de segurança de nível máximo. Ed prosseguiu. Sim, milhões de bebês americanos estavam prestes a desenvolver Aids por tomar leite de vaca infectado. Segundo disse, isso era algo que ele havia percebido por meios paranormais enquanto ainda estava no exército, e havia comunicado a informação a seus superiores.

Então, os oficiais do mais alto escalão da Inteligência Militar também sabiam disso.

Art Bell ficou boquiaberto diante da revelação de que o conhecimento prévio desse cataclismo iminente chegou ao alto escalão.

Além disso, Ed disse que ventos de 480 km/h logo devastariam a América, destruindo todo o trigo, e todos teriam de ficar dentro de casa praticamente pelo resto de suas vidas.

— Foi incrível! — recordava-se Prudence sentada à mesa de sua cozinha em San Diego. — Aqueles foram os dias de glória da visão remota. As pessoas estavam tão empolgadas com isso. Parecia tão fantástico. Ed Dames imediatamente se tornou um dos entrevistados favoritos de Art Bell. Ele estava no ar *o tempo todo*. Ele disse que seríamos queimados por uma grande chama solar, que destruiria a maior parte da vida na Terra. E disse que um cometa que estava por vir, o Hale-Bopp, derrubaria um patógeno de plantas.

— Sério? — perguntei.

— Sim. Ele disse que uma raça de alienígenas havia anexado uma lata ao Hale-Bopp e derrubaria essa lata sobre a Terra, e algum tipo de vírus sairia e comeria toda a vida botânica, e teríamos que nos alimentar de minhocas e levar uma vida subterrânea. — Prudence riu.

— Ed Dames disse isso?

— Sim! E ele tinha datas específicas para isso. Ele disse que aconteceria até fevereiro de 2000.

Ambos rimos.

— E quanto à Aids bovina? — perguntei.

— Aids bovina! — exclamou Prudence. Ela ficou séria. — Vaca louca — disse.

De 1995 até hoje, além da Aids bovina e dos ventos de 480 km/h, o major Ed Dames profetizou publicamente o seguinte, a maior parte no programa de Art Bell: marcianas grávidas vivendo sob as terras do deserto emergiriam para roubar fertilizantes de empresas americanas; seria descoberto que a Aids se originou em cachorros, e não em macacos; fungos voadores provenientes de cilindros do espaço sideral destruiriam todas as plantações; a existência de Satã, anjos e Deus seria provada, sem lugar para dúvidas; e um relâmpago num campo de golfe mataria o presidente Clinton em abril de 1998.

— E misturado com isso — disse Prudence —, ele falou sobre suas experiências com o exército, o que fez todas aquelas coisas absurdas parecerem muito mais reais e tangíveis. O governo não contestou que ele fosse um espião paranormal; eles reconheceram seus esforços; ele ganhou *medalhas*. Ele foi honrosamente dispensado. Tudo a seu respeito se comprovava.

— Os ouvintes do Art Bell devem ter tido a impressão, às vezes, de que estavam escutando às escondidas reuniões de alto nível dentro do Pentágono — observei.

— Parecia *tão* real — disse Prudence. — Ele costumava falar sobre como o exército havia investido milhões de dólares dos contribuintes na pesquisa, então tudo fazia sentido.

O que os ouvintes de Art Bell não sabiam era que Ed Dames era um espião militar paranormal atípico. A maioria dos colegas de Ed na unidade secreta em Fort Meade passava os dias tendo visões de coisas extremamente entediantes, principalmente coordenadas de mapas. Ed, nesse meio-tempo, estava concluindo por meios paranormais que o monstro do Lago Ness era o fantasma de um dinossauro. Se um dos contemporâneos menos pitorescos de Ed tivesse escolhido abrir o bico em seu lugar, e se dirigido até Art Bell para falar sobre coordenadas de mapas, duvido que os milhões de ouvidos teriam ficado tão maravilhados.

As aparições de Ed na mídia podem ter apressado o desaparecimento da unidade secreta. Em 1995, a CIA a tornou oficialmente não confidencial e a encerrou. Os soldados do general Stubblebine vinham tentando ser paranormais durante a maior parte de suas carreiras, e agora tudo estava terminado. Depois de anos vivendo simultaneamente num mundo em que sua rotina era ir para trás e para frente no tempo e no espaço — num minuto, dentro da sala de estar de Noriega na Cidade do Panamá; no seguinte, rastejando-se mentalmente pelos palácios de Saddam Hussein no Iraque — e num mundo mais banal, onde seu status de espiões secretos lhes negou uma máquina de café e um orçamento para a manutenção do edifício, eles emergiram naquele que era, possivelmente, o mundo mais estranho de todos: o mundo civil.

Por um momento, em meados dos anos 1990, parecia haver muitas oportunidades para se ganhar dinheiro. Ed Dames se mudou para Beverly Hills, onde teve reuniões de alto nível com executivos de Hollywood. Começou a negociar com a Hanna-Barbera, os produtores de *Scooby Doo*, sobre a possibilidade de se transformar num personagem de desenho animado para um programa infantil exibido nas manhãs de sábado, sobre supersoldados que usavam seus poderes paranormais para derrotar os causadores do mal. Ele iniciou uma escola de treinamento de espionagem paranormal, cobrando dos alunos US$2.400 por um "programa de quatro dias, rigoroso e altamente personalizado (aulas individuais)".

O slogan de sua empresa era "aprenda visão remota com o mestre".

Num sábado durante o verão, Ed Dames e eu percorremos Maui em seu jipe (assim como Jim Channon e o sargento Gleen Wheaton, que a princípio deixaram escapar que as Forças Especiais haviam realizado atividades secretas com cabras em Fort Bragg, Ed também se estabeleceu nas ilhas havaianas).

Ed usava grandes óculos escuros com armações envolventes — os olhos eram a única parte de seu rosto que parecia ter a sua idade. Ele tem 55 anos, mas todo o restante é um adolescente — seu cabelo de surfista, seu jeans gasto, sua energia frenética. Ele segurava um café da Starbucks com uma mão e dirigia o jipe com a outra.

— As pessoas no exército estão zangadas com você por espalhar os fatos sobre a existência da unidade secreta no programa de Art Bell? — perguntei.

— Zangadas? — ele disse. — Iradas? Furiosas? Pode apostar.

— Qual foi o seu motivo para fazer isso? — perguntei.

— Eu não tinha nenhum motivo. — Ed encolheu os ombros. — Absolutamente nenhum motivo.

Nós continuamos dirigindo. Estávamos na estrada da praia.

— Eu me mudei para cá pela tranquilidade e beleza — disse Ed. — Mas, sim, depois do horizonte há algumas coisas muito, muito desagradáveis vindo. As coisas ficarão feias. As coisas ficarão nefastas. Este é um bom lugar para estar quando isso acontecer.

— O que vai acontecer?

— Vamos todos morrer! — disse Ed. Ele riu.

Mas então afirmou estar falando sério.

— Na próxima década, a humanidade irá presenciar algumas das mudanças mais catastróficas que a civilização já viu em todos os seus registros históricos. Mudanças na Terra. Profecias bíblicas e coisas do tipo.

— Como pragas? — perguntei.

— Não, isso não é nada — disse Ed.

— Pior que pragas?

— As doenças vão devastar a humanidade, mas estou falando de verdadeiras mudanças na Terra, e não estou brincando.

— Vulcões e terremotos?

PRIVATIZAÇÃO

— O eixo da Terra irá tremer e isso irá agitar os oceanos — disse Ed. — Na próxima década, em termos geofísicos, estaremos embarcando numa montanha-russa no escuro.

— Essas são visões que você teve? — perguntei.

— Muitas, muitas vezes — disse Ed.

— Prudence disse que foi quando ela o viu na TV em Atlanta que passou a se interessar por visão remota — eu disse.

Houve um silêncio. Eu queria avaliar a reação de Ed ao ouvir o nome Prudence. Coisas tão terríveis haviam acontecido, eu estava curioso para ver se ele iria estremecer, mas não. Em vez disso, tornou-se vago.

— A maioria das pessoas que praticam visão remota nas ruas de hoje são meus alunos ou alunos dos meus alunos — ele disse.

Era verdade. Embora muitos dos antigos colegas de Ed no exército tenham finalmente aberto suas próprias escolas de treinamento depois que a unidade foi encerrada, Ed fez uma campanha afirmando que todos os outros paranormais secretos eram inferiores a ele. Funcionou. Enquanto a casa de Ed em Maui fica num condomínio fechado, incrivelmente opulento, perto da praia, alguns de seus ex-colegas — como o paranormal sargento Lyn Buchanan — são levados a batalhar como engenheiros de computação e coisas do tipo. Lyn Buchanan é uma figura lendária no circuito dos óvnis, mas sua personalidade gentil lhe negou a oportunidade de cavar para si próprio um nicho no cada vez mais acirrado setor privado de espionagem paranormal.

Prudence queria que Ed lhe ensinasse a ser uma espiã paranormal, "mas Ed não tinha nenhuma vaga", segundo ela. "Ele tinha os horários lotados durante os dois anos seguintes. Todo mundo queria ser um espião paranormal como Ed Dames."

Então ela buscou o segundo melhor — um palestrante em ciência política que vivia em Atlanta. Seu nome era Dr. Courtney Brown.

As credenciais de Courtney Brown eram impressionantes. Ele pode não ter sido um espião militar de nível máximo, mas era acadêmico de uma universidade conceituada, cuja "missão", conforme delineada em seu folheto informativo, era "destacar-se por suas descobertas, promover a sabedoria, inculcar a integridade e a honra, estabelecer modelos seguidos por outros, ser buscado e apreciado por suas opiniões e fazer descobertas que beneficiem o mundo".

— Era maravilhoso para mim — disse Prudence. — O Dr. Courtney Brown era simplesmente o primeiro aluno civil de Ed Dames, e então ele abriu sua própria escola de treinamento, o Instituto Farsight, em Atlanta. *Eu* estava em Atlanta. Eu estava vivendo na única cidade fora de Los Angeles onde você poderia obter treinamento em visão remota. Então, eu me inscrevi imediatamente!

O Dr. Courtney Brown é bonito e inteligente, informal e ingênuo. Depois de oito anos de aulas particulares de espionagem paranormal com Ed Dames, ele começou a ensinar sua própria versão do método a inúmeros alunos.

Ele e Prudence se tornaram grandes amigos. Ela gerenciava seu site e sua agenda. Juntos, sentavam-se no porão do

Dr. Brown e espionavam seus alvos favoritos, alienígenas e animais mitológicos e assim por diante, as mesmas coisas fantásticas que Ed Dames costumava ver remotamente dentro da unidade militar.

Em julho de 1996, Prudence recebeu uma ligação de Art Bell. Seus milhões de ouvintes haviam enlouquecido por Ed Dames e estavam ávidos por ouvir qualquer coisa relacionada a ele. O Dr. Brown estava disponível para aparecer em seu programa?

— Todo dia era uma nova aventura — contou-me Prudence —, mas essa era a maior aventura até então.

No programa, Art Bell perguntou a Courtney Brown se ele concordava com o major Dames sobre os "números maciços de bebês morrendo" e os iminentes "ventos fortíssimos sobre a Terra".

COURTNEY BROWN: Definitivamente, ocorrerão mudanças climáticas.

ART BELL: Como o quê?

COURTNEY BROWN: Nossos filhos presenciarão a humanidade entrar num cenário de *Mad Max*. Está bem claro, nesse ponto, que a civilização tem de se proteger em abrigos subterrâneos.

ART BELL: *Abrigos subterrâneos*, professor Brown?

COURTNEY BROWN: Sim. A população é destruída. O sistema político é desmantelado. Há gangues errantes na superfície. A população sobrevive basicamente em abrigos subterrâneos. E nem todos conseguem ir aos abrigos. A maioria das pessoas tem de se esforçar para sobreviver na superfície.

ART BELL: Bem, peço desculpas se o que digo é uma blasfêmia, Dr. Brown. Se o senhor soubesse o quanto o que acabou de dizer faz lembrar o que disse o major Dames, acho que o senhor provavelmente começaria a cavar.

Os civis que haviam sido treinados por Ed Dames pareciam herdar o desdém de seu professor pelos antigos colegas. No programa de Art Bell, Courtney Brown disse que eles não estavam equipados intelectualmente para assumir as consequências mais profundas de suas adivinhações. Por exemplo, se a CIA pedisse a um espião paranormal que caçasse Saddam Hussein, e enquanto rastejava mentalmente por um palácio em Bagdá o espião deparasse com um extraterrestre se escondendo nas sombras, ele simplesmente continuaria andando até que encontrasse o ditador. Courtney Brown sugeriu aos ouvintes de Art Bell que, certamente, qualquer espião paranormal que se preze pararia e se ocuparia do extraterrestre, mas, ah não, não os paranormais militares. Art Bell concordou que isso parecia loucura — sem falar das oportunidades perdidas.

ART BELL: *O senhor* desenvolveu um sério projeto profissional em Marte, não foi?

COURTNEY BROWN: Bem, eu estudei duas espécies de ET — uma espécie chamada *greys* e os marcianos. Há muito tempo, na época em que os dinossauros andavam pela Terra, havia uma antiga civilização marciana...

Explicava o Dr. Courtney que, quando a civilização marciana foi destruída por algum cataclismo planetário em Marte, durante a época dos dinossauros, "a Federação Galáctica sancionou um grupo de resgate de *greys* para salvá-los".

— Muitos marcianos foram resgatados — ele disse.
— Tirados do planeta? — perguntou Art Bell.
— Sim — disse Courtney Brown. — Mas eles estão agora em cavernas subterrâneas em Marte. Eles estão felizes de terem sido resgatados, mas adorariam ter sido trazidos para a Terra. O problema é que estão basicamente num planeta morto. Eles têm de partir. Estão numa encruzilhada. Eles precisam sair de Marte. Eles têm de vir para cá. Mas *este* planeta está povoado por uma espécie humana hostil e agressiva, que tem filmes sobre invasões de marcianos, e os próprios marcianos estão assustados. As consequências da visão remota sobre isso são absolutamente inequívocas.

Courtney Brown disse que os marcianos certamente chegariam à Terra em dois anos. Em seguida, Art Bell fez a pergunta que provavelmente estava inquietando os ouvintes mais direitistas e contrários à imigração:

ART BELL: Pergunta importante. Quantos são os marcianos?

COURTNEY BROWN: Não causarão um problema populacional. Provavelmente estamos falando de um número suficiente para povoar uma cidade mediana.

ART BELL: É realmente um pequeno número.

COURTNEY BROWN: Você pode dizer, qual é o incentivo? Por que deveríamos ajudá-los? As pessoas de fato têm me dito: "Esqueça o altruísmo de termos uma boa reputação na galáxia. Por que deveríamos ajudar alguém? Tivemos problemas aceitando refugiados cambojanos e vietnamitas no fim da guerra do Vietnã, então por que deveríamos ajudar os marcianos dentre todos os povos?"

    A resposta de Courtney a esses isolacionistas terráqueos: esqueçam o altruísmo. Os marcianos têm uma vantagem tecnológica de 150 anos sobre nós. Imagine se alguém como Saddam Hussein diz a eles: "Ei! Vocês querem um lugar para aterrissar? Venham para cá."

    É por isso que, conforme afirmou Courtney Brown, com certa urgência em sua voz, era imperativo que o governo dos Estados Unidos agarrasse a oportunidade e "fornecesse aos marcianos navios sob o comando da OTAN. Trouxesse aqueles marcianos por meio do processo adequado de imigração."

    Nesse ponto, Art Bell expressou preocupação de que "pessoas desesperadas fizessem coisas desesperadas". Mesmo se os marcianos fossem inerentemente pacíficos, talvez suas péssimas condições de vida dentro das cavernas de Marte os tornassem inesperada e tragicamente violentos quando os americanos viessem salvá-los. Não é basicamente o que aconteceu em Granada e no Vietnã?

Courtney Brown lhe garantiu que entendia sua preocupação, mas que isso não aconteceria.

Prudence considerava que a atuação de Courtney foi brilhante no programa de Art Bell.

— O carisma de Courtney ultrapassava as ondas sonoras e chegava ao seu ouvido — disse. — Você podia sentir sua sinceridade e ternura em sua fala.

E, enquanto Prudence escutava o programa aquela noite, o telefone tocou.

— Pru — disse a voz. — É Wolfie.

Wolfie era, de acordo com Prudence, o apelido na internet de uma mulher chamada Dee, a noiva de um apresentador de notícias chamado Chuck Shramek, de uma rádio sediada em Houston. Prudence conhecera Dee e Chuck numa sala de bate-papo na internet; eles haviam trocado e-mails, mas nunca haviam se falado pessoalmente.

— Pru — disse Dee —, há algo que você precisa ver. — Chuck tirou uma foto do cometa Hale-Bopp, e há algo perto dele. Vou enviá-la a você.

Naquele momento, chegou um novo e-mail na caixa de entrada de Prudence. Ela abriu o anexo para ver a fotografia. Segundo Dee, Chuck a havia tirado de um telescópio no jardim atrás de sua casa. Ele era astrônomo amador.

Próximo ao cometa Hale-Bopp, à direita da imagem, parecia haver algum tipo de objeto.

Quando Prudence viu a fotografia, ela chorou.

— O objeto que o acompanhava — disse ela — brilhava mais forte que qualquer estrela.

Nos dias que se seguiram, Prudence e os demais alunos de Courtney Brown começaram a trabalhar seriamente a fim de ter uma visão do objeto em forma de Saturno próximo ao cometa Hale-Bopp.

— E descobrimos — disse Prudence — que era artificial. E não era um erro na câmera de Chuck. Era um objeto de verdade. E tinha origem alienígena. Parecia um grande objeto redondo de metal e tinha todas essas fendas nele. Fendas côncavas. E havia antenas e tubos saindo dele. E estava vindo direto em nossa direção! Estávamos muito entusiasmados. Courtney Brown imediatamente telefonou para Art Bell.

Em 14 de novembro de 1996, Art Bell anunciou dois convidados em seu programa: Chuck Shramek e Courtney Brown.

ART BELL: Chuck, bem-vindo ao programa.

CHUCK SHRAMEK: Obrigado, Art. É um prazer estar aqui.

ART BELL: Você é astrônomo amador, certo?

CHUCK SHRAMEK: Desde que eu tinha oito anos de idade. Hoje tenho 46.

ART BELL: Nem tão amador!

CHUCK SHRAMEK: Ha ha ha!

Chuck começou a descrever a fotografia, como ele a tirou, como seu coração começou a palpitar quando ele percebeu que o objeto — o "companheiro" do cometa Hale-Bopp — não era uma estrela, pois ele verificou sua carta celeste e não havia nenhuma estrela como aquela nas vizinhanças do cometa.

CHUCK SHRAMEK: Isso é algo grande. E parecem ser anéis de Saturno. É incrível.

ART BELL: O que poderia ser?

CHUCK SHRAMEK: Bem, penso que essa talvez seja uma área para Courtney. Eu não faço ideia.

ART BELL: Aí está, este é Chuck em Houston. Vamos perguntar a Courtney Brown de que se trata tudo isso. Talvez ele possa ajudar. Eu desconfio que sim.

Depois do intervalo, Courtney Brown revelou algo bombástico — o resultado do estudo paranormal que desenvolveu com Prudence no Farsight Institute sobre a fotografia de Chuck Shramek.

ART BELL: Eu vi que a fotografia do Hale-Bopp é realmente estranha. Há algo muito grande lá. Eu não faço ideia do que é, mas o que quer que seja, é real. Bem, professor, que diabos é isso?

COURTNEY BROWN: Eu quero lhe contar. Você quer que eu lhe conte?

ART BELL: Conte-me.

Courtney tentou soar científico e sensato, mas ele era incapaz de esconder sua empolgação.

COURTNEY BROWN: A informação que estou prestes a revelar a vocês é tão incrível, tão impactante, que vocês dirão, como isso é possível? Lembrem-se, eu sou um Ph.D.

ART BELL: Certo.

COURTNEY BROWN: Este objeto tem aproximadamente 14 vezes o tamanho do planeta Terra, e está a caminho de nós. Aparentemente, é atravessado por túneis. E está se movendo por meios artificiais. Está sob controle inteligente. É um veículo. E há uma *mensagem* vindo dele.

ART BELL: Nossa! Há uma mensagem vindo dele?

COURTNEY BROWN: Esses seres estão tentando se comunicar conosco. Esse objeto é *sensível*. Está vivo. Está *conhecendo*. É algo como o monólito de *2001: uma odisseia no espaço*. Possui entradas. Isso é uma boa notícia. Nossa época de ignorância, nossa época de escuridão, está chegando ao fim. Estamos entrando numa época de *magnitude*. Há *mais* deles vindo!

ART BELL: O quê?

COURTNEY BROWN: Meu Senhor... Meu Senhor...

ART BELL: Há *mais* desses vindo? Amigos, essa não é uma transmissão fictícia de *A guerra dos mundos*. Essas são notícias inesperadas. Eu sinto como se tivesse sido atingido por um martelo.

COURTNEY BROWN: Art, esta é real.

Então, houve um breve silêncio, e Art Bell falou, em sua voz um pouco tremida.

ART BELL: De alguma forma eu sempre senti que estaria disponível para isso.

Naquela noite, o web site de Art Bell saiu do ar com o volume de tráfego — os ouvintes tentavam acessá-lo para que pudessem ver a fotografia de Chuck Shramek. Finalmente, em apenas alguns meses — aproximadamente em meados de março de 1997, de fato — os marcianos estavam vindo.

Algo extraordinário sobre a internet é como ela é capaz de congelar e preservar momentos no tempo. Se olhamos com atenção, é possível encontrar os pensamentos de alguns dos ouvintes de Art Bell naquela noite, conforme digitavam apaixonadamente com o rádio ligado ao fundo:

Isso está realmente acontecendo? Cara, isso é incrível!!!
Em Art Bell, anunciaram que alguns astrônomos estão ago-

ra SUBITAMENTE vendo um objeto do tamanho de Saturno perto de nosso cometa Hale-Bopp! Está sob controle inteligente e está conectado com ETs!

Queridos amigos,
  Enquanto escuto essas notícias incríveis, estou digitando loucamente.
FLASH!! Movendo-se em direção à Terra, um objeto celestial 14 vezes o tamanho do nosso planeta segue o rastro do cometa Hale-Bopp; uma esfera anelada, emitindo luz, com superfície uniformemente lisa e luminosa.
Essa é a vinda do anticristo?

Prudence também foi ao programa de Art Bell, alguns dias mais tarde, para esclarecer suas descobertas paranormais sobre o companheiro do Hale-Bopp. Ela e Courtney recebiam inúmeros telefonemas e e-mails.

— Milhares de e-mails — disse Prudence. — Enviamos uma resposta padrão a muitos deles porque era impossível responder a todo o mundo. Era preciso escolher alguns.

Um e-mail, dentre os milhares de outros, parecia particularmente estranho para Prudence. Perguntava: "O companheiro irá nos elevar ao nível acima do humano?"

Prudence olhou para esse e-mail por um momento, e então enviou a resposta padrão: "Obrigado por seu interesse no Farsight Institute. Segue nosso cronograma de classes futuras..."

PRIVATIZAÇÃO

Em meados de março de 1997, numa antiga casa branca em um subúrbio muito rico de San Diego, Califórnia, um ex-professor de música do Texas chamado Marshall Applewhite ligou sua câmera de vídeo, apontou para si próprio e disse: "Estamos tão entusiasmados que não sabemos o que fazer, porque estamos prestes a entrar novamente no nível acima do humano!"

Então, ele apontou a câmera de vídeo para uma sala cheia de pessoas. Eles estavam todos vestidos exatamente iguais, em uniformes cheios de botões desenhados por eles mesmos, como algo tirado de *Star Trek*, com um parche no braço que dizia: "Heavens Gate Away Team."

Assim como o marechal Applewhite, eles estavam todos sorrindo.

— "Heavens Gate *Away* Team!" — disse o marechal Applewhite para a câmera. — É exatamente o que isso significa para nós. Estivemos fora, e agora estamos *de volta*. Estou muito orgulhoso desses estudiosos do nível evolutivo acima do humano. Eles estão prestes a partir, e estão *entusiasmados* com a partida!

Alguém desse grupo havia postado uma mensagem em seu web site. Dizia: "Alerta vermelho! Hale-Bopp traz completude ao Heaven Gate."

O web site também incluía um link para o site de Art Bell.

O marechal Applewhite e seus 38 discípulos foram a um restaurante local para a sua última refeição. Todos escolheram exatamente a mesma coisa do menu — chá gelado, salada com molho vinagrete, peru e *cheesecake* de mirtilo.

Então, retornaram a seu rancho comunitário.

Algumas noites depois, quando o Hale-Bopp chegou perto da Terra o suficiente para ser visto a olho nu, Prudence foi para a sacada de um Holiday Inn em Atlanta e arqueou o pescoço de modo desconfortável para ver acima das árvores, o parapeito de ferro fincando em seu peito. E então ela viu o cometa.

— Era tão bonito — ela disse.

— Mas estava sozinho — observei.

— Estava *sozinho* — confirmou Prudence. — Eu estava lá parada, tentando imaginar para onde foi o objeto companheiro, e então alguém subiu as escadas correndo.

Trinta e nove pessoas haviam morrido.

O marechal Applewhite e seus 38 discípulos haviam todos calçado exatamente o mesmo par de tênis Nike. Todos eles haviam colocado um punhado de moedas no bolso. Eles se deitaram em seus beliches e tomaram, cada um deles, um coquetel letal de sedativos, álcool e analgésicos, porque acreditavam que, fazendo isso, pegariam uma carona até o nível acima do humano no objeto anunciado por Prudence e Courtney que acompanhava o Hale-Bopp.

— Foi horrível — disse Prudence. — Foi...

Ela ficou em silêncio e colocou a cabeça entre as mãos, olhando para longe.

— Eles acreditavam que se juntariam ao objeto acompanhante até o cometa — ela disse.

— Hum — eu disse.

— Todas aquelas pessoas.

— Ah — exclamei.

— É um pouco estressante falar sobre isso — falou. — Eu não sei exatamente o que dizer.

— Acho que você não tinha como saber que toda aquela empolgação levaria a um suicídio em massa — eu disse.

— Você pensaria que, sendo clarividente, deveria ter sido capaz de prever aquilo — disse Prudence.

Chuck Shramek — o homem que tirou a fotografia do "acompanhante" — morreu de câncer em 2000. Ele tinha 49 anos. Depois de sua morte, um amigo de infância chamado Greg Frost disse à revista *UFO Magazine* que Chuck sempre havia sido um travesso inveterado.

— Eu estava lá numa ocasião quando ele usou um filtro que fez sua voz soar como a de Zontar, o monstro de Vênus, enquanto se comunicava com alguns operadores crédulos de radioamadores. Chuck havia convencido um grupo inteiro de que ele era um alienígena espacial de Vênus.

Meu palpite é de que Chuck Shramek ouviu Ed Dames e depois Courtney Brown no programa de Art Bell e decidiu pregar uma peça nos clarividentes. Então, ele adulterou uma fotografia e fez com que sua noiva telefonasse a Prudence. Se foi isso o que aconteceu, eu não faço ideia se Dee era uma tratante.

Art Bell proibiu Prudence e Courtney Brown de participarem novamente do programa. O major Ed Dames continua sendo um convidado constante e popular. Ele é rotineiramente apresentado por Art Bell como "major Edward A. Dames, do exército americano, hoje aposentado, oficial condecorado da Inteligência Militar, membro original do protótipo do programa de treinamento de visão remota do exército dos Estados

Unidos, o oficial de treinamento e operações para a unidade de inteligência paranormal, ou unidade PSIINT [do inglês *psychic intelligence*], da Agência de Inteligência da Defesa, ou DIA [do inglês *Defence Intelligence Agency*]..."

Acrônimos militares são verdadeiramente cativantes.

Em uma das aparições de Ed no programa de Art Bell, na primavera de 2004, ele disse aos ouvintes:

— Agora, isso é importante. Antes de todos vocês irem para a cama, escutem isso. Quando virem um de nossos ônibus espaciais sendo forçado a aterrissar por causa de uma chuva de meteoros, é o começo do fim. É o *presságio*. Imediatamente depois disso, drásticas mudanças geofísicas ocorrerão na Terra, resultando num tremor e, possivelmente, numa mudança de polo completa...

— Deus! — interrompeu Art Bell. — Haverá alguns que sobreviverão a isso, Ed? Ou ninguém sobreviverá?

— Estamos olhando para os dois bilhões de pessoas que serão estorricadas — respondeu Ed.

Eu notei, entretanto, uma certa irreverência sutil nas entrevistas mais recentes de Art Bell com o major Dames. Atualmente, entre os acrônimos militares cativantes, Art Bell às vezes se refere ao major Dames como "Dr. Apocalipse".

O Farsight Institute do Dr. Courtney Brown diminuiu de 36 para 20 alunos, e então oito, e então nenhum, durante os meses que se seguiram aos suicídios. Ele parou de dar entrevistas. Ele não fala sobre o que aconteceu há sete anos. (Creio que foi até o programa de Art Bell uma vez mais, e foi recebido aos gritos.) Eu o visitei na primavera de 2004.

Ele ainda vive em Atlanta. Está bem magro agora. Ele me levou até o porão.

— Heavens Gate? — ele disse.

O Dr. Brown agiu por um momento como se não pudesse se lembrar muito bem de quem eles eram. Estava vestindo uma jaqueta de tweed com couro nos cotovelos.

— Heavens Gate? — repetiu. Seu olhar sugeria que ele tinha a memória de um vago acadêmico e que eu deveria ter paciência com ele por um momento.

— Ah! — exclamou. — Ah, sim. Era um grupo interessante. Eles eram *eunucos*. Foi isso o que li nos jornais. Eles se castraram e finalmente se mataram.

O Dr. Brown ficou em silêncio.

— Era como Jim Jones — ele disse. — Seu líder era provavelmente um tipo de cara louco que estava ficando velho e, vendo que seu grupo se emanciparia dele, provavelmente estava buscando uma oportunidade de finalizá-lo.

O Dr. Brown tirou os óculos e esfregou os olhos.

— Eunucos! — ele riu secamente e balançou a cabeça. — É um controle psicológico muito pesado para fazer as pessoas se castrarem, e finalmente ele conseguiu que todos eles se matassem também, buscando uma oportunidade. Você sabe. Era um grupo interessante. Era um grupo louco, louco. Era um grupo maluco. Era um... era uma tragédia esperando para acontecer.

O Dr. Brown me preparou um chá de alguma erva.

Ele disse:

— Você precisa entender, eu sou um acadêmico. Não sou treinado para lidar com massas de pessoas. Descobri, por meio da escola da vida, que é melhor não lidar com multidões. Não é que elas não mereçam a informação, mas elas de fato reagem de formas *muito* estranhas. Elas entram em pânico e ficam agitadas, ou eufóricas, e é tão fácil para um acadêmico se esquecer disso. Somos treinados em matemática. Somos treinados em ciência. Não somos treinados nas massas.

Ele fez uma pausa.

— O público é extremamente louco — ele disse —, incontrolavelmente louco.

Então ele encolheu os ombros.

— Você precisa entender — repetiu. — Eu sou um acadêmico.

7. O DINOSSAURO LILÁS

Se você caminhar cerca de 500 metros ao sul de onde se encontram as cabras de Fort Bragg, chegará a um grande e moderno edifício cinza de tijolos com uma placa na entrada que diz "C Company 9th PsyOps Battalion H-3743".

É o quartel-general das Operações Psicológicas do exército dos EUA.

Em maio de 2003, uma pequena parte da filosofia do Primeiro Batalhão da Terra foi colocada em prática pelas Operações Psicológicas [PsyOps, acrônimo de seu nome em inglês, *Psychological Operations*], atrás de uma estação de trem desativada na minúscula cidade iraquiana de al-Qaim, na fronteira com a Síria, logo depois de o presidente Bush ter anunciado "o fim das hostilidades".

A história começa com um encontro entre dois americanos — um jornalista da *Newsweek* chamado Adam Piore e um sargento das PsyOps chamado Mark Hadsell.

Adam estava viajando num Humvee das PsyOps, dirigindo rumo a al-Qaim, passando os controles de coalizão, passando a placa na rodovia principal que indica a entrada para a cidade, a qual, depois de ter sido atingida por tiros e dilapidada, diz apenas: a Q m. Eles desceram em frente a uma delegacia de polícia. Era o segundo dia de Adam no Iraque. Ele não conhecia praticamente nada sobre o país. Precisava muito urinar, mas estava preocupado em fazê-lo na frente da polícia ou nos arbustos; poderia ofender alguém. Quais eram os protocolos em relação a urinar publicamente no Iraque? Adam mencionou sua preocupação ao soldado das PsyOps sentado ao seu lado no Humvee. Essa era a tarefa das PsyOps — compreender e explorar a psique e os costumes do inimigo.

— Vá ao pneu dianteiro — o soldado disse a Adam.

Então Adam pulou do Humvee, e foi quando apareceu o sargento Mark Hadsell, das PsyOps, e ameaçou matá-lo.

Adam me contava essa história dois meses depois, de volta aos escritórios da *Newsweek* em Nova York. Estávamos no andar de cima, na sala da diretoria, que era decorada com ampliações de capas recentes da *Newsweek*: um fundamentalista islâmico mascarado com uma arma sob a manchete WHY THEY HATE US [*POR QUE ELES NOS ODEIAM*], e o presidente Bush com a primeira-dama no jardim da Casa Branca, sob a manchete WHERE WE GET OUR STRENGTH [*ONDE OBTEMOS NOSSA FORÇA*]. Adam tem 29 anos, parece mais jovem, e tremeu um pouco ao relembrar o incidente.

— Foi assim que conheci o cara — disse Adam. Ele riu. — Ele perguntou se eu queria levar um tiro. Então eu fechei o zíper correndo...

— Ele estava sorrindo quando disse isso? — perguntei.

Eu imaginei o sargento Hadsell, quem quer que fosse ele, com um sorriso grande e amistoso perguntando a Adam se ele queria levar um tiro.

— Não — respondeu Adam. — Ele apenas disse: "Você quer levar um tiro?"

Adam e o sargento Hadsell acabaram se tornando amigos. Eles compartilharam um beliche no centro de comando do esquadrão das PsyOps na estação de trem desativada em al-Qaim, e emprestaram DVDs um ao outro.

— Ele é um tipo extremamente entusiasmado — disse Adam. — O comandante do esquadrão costumava chamá-lo Psycho Six, porque ele estava sempre pronto para entrar atirando. Ha! Uma vez ele me disse que apontou uma arma para um cara e puxou o gatilho, e a arma não estava carregada, e o cara mijou nas calças. Eu não sei por que ele me contou aquela história, porque eu não achei engraçado. Na verdade, achei um pouco distorcida e perturbadora.

— *Ele* achava engraçada? — perguntei.

— Acho que sim — respondeu Adam. — Sim. Ele era um americano treinado para matar.

O povo de al-Qaim não sabia que Bagdá havia sido tomada pelas tropas de coalizão, e por isso o sargento Hadsell e sua unidade de PsyOps estavam lá para distribuir panfletos com a notícia. Adam os acompanhava, cobrindo o "fim das hostilidades" da perspectiva das PsyOps.

Maio de 2003 foi um mês bastante calmo em al-Qaim. Antes do fim do ano, as forças americanas estariam sob o frequente bombardeio das guerrilhas na cidade. Em novembro de 2003, um dos comandantes de defesa aérea de Saddam

Hussein — o major-general Abed Hamed Mowhoush — morreria durante um interrogatório lá mesmo, na estação de trem desativada. ("Causas naturais", segundo a declaração oficial do exército dos EUA. "A cabeça de Mowhoush não estava encapuzada durante o interrogatório.")

Mas por enquanto a cidade estava tranquila.

— Em determinado momento — disse Adam — alguém correu até nós e agarrou uma pilha de panfletos. Hadsell falava sobre como seria importante, da próxima vez que acontecesse, encontrar o cara e lhe dar uma boa surra para que ele nunca mais fizesse aquilo. Aquela atitude provavelmente tinha a ver com o estudo da cultura árabe. Você tem que mostrar que é forte.

Certa noite, Adam estava no centro de comando do esquadrão quando o sargento Hadsell se dirigiu até ele. Hadsell piscou com um ar conspiratório e disse:

— Vá lá fora ver onde estão os prisioneiros.

Adam sabia que os prisioneiros estavam alojados num pátio atrás da estação de trem. O exército havia estacionado um comboio de contêineres lá, e conforme Adam caminhava em direção a eles, podia ver uma luz brilhante piscando. Ele também ouvia uma música. Era "Enter Sandman", do Metallica.

A distância, parecia que alguma discoteca estranha e ligeiramente sinistra funcionava nos contêineres. A música soava especialmente metálica, e a luz era sombriamente acendida e apagada, acendida e apagada.

Adam andou em direção à luz. Era realmente brilhante. Estava sendo controlada por um jovem soldado americano, e ele simplesmente a acendia e apagava, acendia e apagava, no contêiner. "Enter Sandman" reverberava dentro do contêiner, ecoando violentamente nas paredes de aço. Adam ficou lá por um instante e assistiu.

A música terminou e então, imediatamente, começou de novo.

O jovem soldado que segurava a luz olhou para Adam. Ele continuou a acender e apagar a luz e disse:

— Você precisa ir embora já.

— Ha! — Adam me disse, de volta aos escritórios da *Newsweek*. — Foi esse o termo que ele usou. "Você precisa ir embora já."

— Você olhou dentro do contêiner? — perguntei.

— Não — respondeu Adam. — Quando o cara me disse que eu tinha de ir embora, eu fui. — Ele fez uma pausa. — Mas era meio que óbvio o que estava acontecendo lá.

Adam ligou para a *Newsweek* de seu celular e lhes lançou algumas histórias. A de que mais gostaram foi a do Metallica.

— Eles me disseram para escrevê-la como algo humorístico — disse Adam. — Queriam a lista completa de músicas.

Então Adam começou a investigar. Ele descobriu que as músicas tocadas no último volume para os prisioneiros dentro do contêiner incluíam "Enter Sandman", do Metallica; a trilha sonora do filme *XXX*; uma música que dizia "Burn motherfucker burn"; e, o que é ainda mais surpreendente, a música "I love you", de *Barney e amigos*, o programa infantil de Barney, o dinossauro lilás, além de canções de *Vila Sésamo*.

Adam enviou o artigo por e-mail a Nova York, de onde um editor da *Newsweek* telefonou ao pessoal do *Barney* em busca de um comentário para a matéria. Ele foi colocado em espera. A música que tocava no telefone enquanto ele aguardava era "I love you".

A última linha do artigo, escrita pelo editor da *Newsweek*, era: "Foi torturante para nós também!"

A primeira vez que ouvi sobre a história de tortura com a música de Barney foi em 19 de maio de 2003, quando foi ao ar como uma notícia engraçada, do tipo "E finalmente...", no programa *Today*, da NBC:

> **ANN CURRY** (âncora): As forças americanas no Iraque estão usando o que alguns consideram uma ferramenta cruel e incomum para quebrar a resistência dos prisioneiros de guerra iraquianos, e acreditem, muitos pais concordariam! Alguns prisioneiros estão sendo forçados a ouvir Barney, o dinossauro lilás, cantar a música "I love you" por 24 horas seguidas...
>
> **A NBC** cortou para um videoclipe de *Barney*, em que o dinossauro lilás se jogava de um lado para outro em meio a sua gangue de atores mirins sempre sorridentes. Todos no estúdio riram. Para apresentar a história, Ann Curry usou uma voz engraçada, do tipo "coitadinhos dos prisioneiros".

ANN CURRY: ... de acordo com a revista *Newsweek*. Um espião dos EUA disse à *Newsweek* que ouviu Barney por 45 minutos seguidos e jamais quer passar por *aquilo* novamente!

ESTÚDIO: (risos)

Ann Curry se dirigiu a Katie Couric, sua coapresentadora.

ANN CURRY: Katie! Cante comigo!

KATIE COURIC (rindo): Não! Acho que depois de uma hora eles provavelmente contarão tudo, você não acha? Vamos ver como está o tempo lá fora com Al.

AL ROKER (homem do tempo): E se o Barney não conseguir, eles mudam para os Teletubbies, isso vai esmagá-los como *insetos*...!

É o Primeiro Batalhão da Terra!, pensei.

Eu não tinha dúvida de que a ideia de usar música como uma forma de tortura mental havia sido popularizada e aperfeiçoada dentro do exército em decorrência do manual de Jim. Antes de Jim, a música militar estava confinada às bandas marciais. Era tudo uma questão de pompa e de energizar as tropas. No Vietnã, os soldados escutavam a "Cavalgada das valquírias", de Wagner, para entrar no clima do combate. Mas foi Jim que propôs a ideia de usar alto-falantes no campo de batalha para veicular "sons dissonantes", tais como "*acid rock* fora de sintonia", a fim de confundir o inimigo, e o uso de sons similares no contexto dos interrogatórios.

Jim teve essas ideias em parte, até onde eu sei, depois que conheceu Steven Halpern, o compositor de CDs de música ambiente como *Music for inner peace* [*Música para a paz interior*], em 1978. Imediatamente, telefonei para Jim.

— Jim — perguntei —, você diria que torturar os prisioneiros iraquianos com a música-tema de *Barney* no último volume é um legado do Primeiro Batalhão da Terra?

— O quê? — disse Jim.

— Eles estão reunindo pessoas no Iraque, levando-os a um contêiner, e obrigando-os a escutar música infantil repetidamente, enquanto acendem e apagam uma luz brilhante sobre eles — eu disse. — Esse é um dos seus legados?

— Sim! — disse Jim. Ele parecia emocionado. — Estou tão feliz em ouvir isso!

— Por quê? — perguntei.

— Eles estão claramente tentando iluminar o ambiente — ele disse —, e dar a essas pessoas algum conforto, em vez de espancá-los até a morte! — Ele suspirou. — Música infantil! Isso os tornará mais dispostos a revelar onde estão suas forças e encurtará a guerra! Muito bom!

Creio que Jim estava imaginando algo mais como uma creche do que um contêiner de aço atrás de uma estação de trem desativada.

— Eu acho que se eles tocam *Barney* e *Vila Sésamo* uma vez ou duas — observei —, isso pode ser iluminador e reconfortante, mas se tocam, digamos, 50 mil vezes dentro de uma caixa de aço no calor do deserto, isso é... hum... torturante?

— Eu não sou psicólogo — disse Jim, num tom um pouco cortante.

Ele parecia querer mudar de assunto, como se estivesse negando a forma como sua visão estava sendo interpretada atrás da estação de trem em al-Qaim. Ele me fez lembrar um avô incapaz de conceber a ideia de que seus netos se comportariam mal algum dia.

— Mas o uso da música... — eu disse.

— Foi isso o que o Primeiro Batalhão da Terra *fez* — disse Jim. — Abriu a mente dos militares sobre como usar a música.

— Então — eu disse —, trata-se de fazer as pessoas falarem numa... numa o quê?

— Numa dimensão psicoespiritual — disse Jim. — Além do medo elementar de ser agredido, temos um componente mental, espiritual e psíquico. Então, por que não usar isso? Por que não ir direto ao lugar em que o *ser* de fato decide sobre dizer algo ou não?

— Então você tem certeza — perguntei a Jim —, considerando o que sabe sobre a forma que o Primeiro Batalhão da Terra se disseminou pelo exército, de que fazer os iraquianos escutarem *Barney* e *Vila Sésamo* no último volume é um de seus legados?

Jim pensou sobre isso por um instante e então disse:

— Sim.

Christopher Cerf compõe músicas para o *Vila Sésamo* há 25 anos. Sua mansão em Manhattan é repleta de *memorabilia* do *Vila Sésamo* — fotografias de Christopher abraçando o Garibaldo etc.

— Bem, isso certamente não é o que eu esperava ao compor para eles — disse Christopher. — Tenho que admitir, minha primeira reação foi: "Minha nossa, minha música é assim tão terrível?"

Eu ri.

— Certa vez escrevi uma música para Beto e Ênio chamada "Put Down the Ducky" — contou Christopher — que talvez seja útil para interrogar membros do partido Baath.

— Isso é muito bom — eu disse.

— Esta entrevista — disse Christopher, brincando com a frase que encerrava cada episódio de Vila Sésamo e fazendo alusão às armas de destruição em massa — foi patrocinada pelas letras A, D e M.

— Isso é muito bom — repeti.

Ambos rimos.

Eu fiz uma pausa.

— E você acredita que os prisioneiros iraquianos, além de fornecer informações vitais, estão aprendendo novas letras e números? — perguntei.

— Bem, essa não seria uma incrível vitória dupla? — disse Christopher.

Ele me levou a seu estúdio no andar de cima para que eu o escutasse tocar uma de suas composições de *Vila Sésamo*, chamada "Ya! Ya! Das Is a Mountain!" ["Sim! Sim! Isto é uma montanha"].

— O modo que fazemos *Vila Sésamo* — explicou Christopher — é que temos pesquisadores educacionais que testam se essas músicas estão funcionando, se as crianças estão aprendendo. E teve um ano que me pediram para escrever uma música que explicasse o que é uma montanha, e escrevi uma música tonta tirolesa sobre o que é uma montanha.

Christopher cantou um trecho da música para mim:

> Oompah-pah!
> Oompah-pah!
> Ya! Ya! Das is a mountain!
> Part of zee ground zat sticks way up high!
>
> [Um-pá-pá!
> Um-pá-pá!
> Sim! Sim! Isto é uma montanha!
> Parte do solo que se ergue para o alto!]

— De todo modo — disse Christopher —, 40% das crianças sabiam o que era uma montanha *antes* de ouvir a música, e *depois* de ouvi-la, só cerca de 26% delas sabiam o que era uma montanha. Isso é tudo o que eles precisavam. Agora você não sabe o que é uma montanha, certo? Se foi! Então eu me pergunto se tenho o poder de sugar informação da mente das pessoas escrevendo essas músicas, talvez seja algo que poderia ser útil para a CIA, para técnicas de lavagem cerebral.

Naquele momento, o telefone tocou. Era um advogado de seus produtores musicais, a BMI. Eu escutei o que Christopher dizia:

— Sério? — ele disse. — Entendo... bem, teoricamente eles teriam de registrar isso e eu estaria recebendo alguns centavos para cada prisioneiro, certo? OK. Tchau...

— Sobre o que era? — perguntei a Christopher.

— Se eu tenho direito a algum dinheiro pelos *royalties* da execução — explicou. — Por que não? É uma coisa americana a se fazer. Se eu tenho o dom de escrever músicas que deixam as pessoas loucas de modo mais rápido e mais eficaz do que os outros, por que não deveria lucrar com isso?

Foi por isso que, mais tarde naquele dia, Christopher pediu que Danny Epstein — o supervisor musical de *Vila Sésamo* desde que o primeiro programa foi ao ar em julho de 1969 — viesse à sua casa. Danny seria responsável por recolher os *royalties* do exército se eles se mostrassem negligentes em preencher uma planilha de execução.

Por cerca de uma hora, Danny e Christopher tentaram calcular exatamente quanto dinheiro Christopher receberia se — conforme estimou — suas músicas estivessem sendo tocadas em repetição contínua num contêiner por até três dias seguidos.

— São 14 mil vezes ou mais, no decorrer de três dias — disse Christopher. — Se estivesse tocando num rádio, eu receberia três ou quatro centavos a cada repetição, certo?

— Seria uma máquina de dinheiro — concordou Danny.

— É o que estou pensando — disse Christopher. — Poderíamos estar ajudando o país e, ao mesmo tempo, ganhando uma boa grana.

— Eu não creio que haja dinheiro suficiente no grupo para pagar essa taxa — disse Danny. — Se eu tiver de negociar em nome da ASCAP [American Society of Composers, Authors and Publishers, organização que protege os direitos autorais musicais nos Estados Unidos], eu diria que entraria numa categoria de uma taxa de tema ou jingle, algum tipo de rebaixamento...

— Que é um termo apropriado, porque há evidências de que os prisioneiros estão sendo rebaixados enquanto ouvem a música — disse Christopher.

Todos rimos.

A conversa parecia estar se alternando inquietamente entre a sátira e o desejo genuíno de ganhar algum dinheiro.

— E isso é apenas em uma sala de interrogatório — disse Danny. — Se houver uma dúzia de salas, aí estamos falando de dinheiro. Isso não é patrocinado?

— Boa pergunta — disse Christopher. — Acho que é patrocinado pelo Estado. Eu receberia mais dinheiro dependendo de se é ou não é?

— Agora, teríamos uma taxa especial para a Mossad? — disse Danny.

Nós rimos.

— Acho que temos de recolher *royalties* — disse Christopher. — Se eu tivesse escrito as músicas diretamente para o exército, presumo que eles me pagariam, certo?

— Não — respondeu Danny. — Você seria um prestador de serviços. Você estaria trabalhando para eles.

— Bem, não sou um prestador de serviços *neste* caso — disse Christopher.

— Não tenho tanta certeza — disse Danny. — Como cidadão, você está sujeito a prestar serviços, se o exército precisar de você.

— Bem, eles poderiam ter solicitado que eu fosse um voluntário — disse Christopher.

Ele estava mais sério agora. Danny tirou os óculos e esfregou os olhos.

— Querer dinheiro pelo uso de sua música numa época de crise — ele disse, depois de um momento — me parece um pouco mesquinho.

E os dois caíram na gargalhada.

No fim do outono de 2003, depois de muitos fax e e-mails trocados, e de eu ter sido examinado pelo sistema de segurança de vários escritórios no Pentágono e na Embaixada Americana, as PsyOps consentiram em me mostrar sua coleção de CDs.

Adam Piore, o jornalista da *Newsweek*, dissera que a lista de músicas usadas para torturar os prisioneiros havia sido escolhida aqui no quartel-general das PsyOps. A coleção estava guardada numa série de estúdios de produção de rádio dentro de um edifício de tijolos aparentes no meio de Fort Bragg, cerca de 500 metros ao norte de onde, segundo se dizia, estava situado o Laboratório de Cabras. Eu continuei olhando para fora das janelas na esperança de ver cabras aturdidas ou mancando, mas não havia nenhuma em evidência.

As PsyOps começaram me mostrando seus CDs de efeitos especiais.

— Basicamente ilusão — explicou o sargento que me guiava durante essa parte do dia —, projetada para fazer as forças inimigas pensarem que estão ouvindo coisas que não existem.

Um CD de efeitos especiais foi rotulado "Crazy woman says 'My husband's never liked you'" ["Mulher louca diz: 'meu marido nunca gostou de você'"].

— Compramos um lote inteiro — explicou o sargento. Nós rimos.

Outro se chamava "Many horses galloping by" ["Muitos cavalos galopando"], e rimos mais uma vez e dissemos que isso teria sido útil há 300 anos, não agora.

Então ele colocou para tocar um CD pertinente: "Tank noises" ["Barulhos de tanques"].

O estúdio de rádio se encheu com o roncar dos tanques. Eles pareciam estar vindo de todos os lados ao mesmo tempo. O sargento explicou que às vezes os membros das PsyOps se escondem atrás de uma colina a leste do inimigo e emitem barulhos de tanque no último volume, enquanto os tanques chegam, mais silenciosamente, do oeste.

Então ele me mostrou seus CDs de música árabe ("Nossos analistas e especialistas estão familiarizados com o que pode ser popular e culturalmente relevante, e nós compramos essa música a fim de ganhar a simpatia da população."), seguidos por sua coleção de CDs de Avril Lavigne e Norah Jones.

— Como a Avril Lavigne pode ser utilizada em países inimigos? — perguntei.

Houve um silêncio.

— Em algumas partes do mundo, a música ocidental é popular — responderam. — Tentamos acompanhar.

— Quem escolhe as músicas? — perguntei.

— Nossos analistas — disse o sargento —, em conjunto com nossos especialistas.

— Que países? — indaguei.

— Não quero falar nisso — disse ele.

Minha visita-relâmpago às PsyOps foi meticulosamente planejada — a mesma visita que um dignitário visitante ou um membro do Congresso faria. Um soldado das PsyOps sabe como desenhar um panfleto, gravar um CD, operar um alto-falante, tirar uma fotografia e entrar em formação para a visita oficial.

Eles me mostraram seus estúdios de rádio e de TV; também me mostraram seus arquivos, com prateleiras cheias de vídeos etiquetados "Baía de Guantánamo" e coisas do gênero. Eu observei um pôster numa parede que recordava os soldados das funções oficiais das PsyOps: "Apelos de rendição. Controle da multidão. Ilusão tática. Assédio. Guerra pouco convencional. Defesa interna estrangeira."

Eles me mostraram as gráficas em que imprimiam seus panfletos, e os recipientes que os continham. Eles são jogados dos aviões e projetados para se abrir no ar, e então dezenas de milhares de panfletos caem sobre o território inimigo.

Os americanos sempre foram melhores que os iraquianos nos panfletos. Já na primeira guerra do Golfo, as PsyOps iraquianas jogaram um lote de seus próprios panfletos sobre as tropas americanas, desenhados para serem psicologicamente devastadores. Diziam: "Suas esposas estão de volta à casa fazendo sexo com Bart Simpson e Burt Reynolds."

Então, fui levado a uma sala de conferência das PsyOps, onde me apresentaram aos especialistas e analistas. Alguns vestiam uniforme. Outros pareciam simpáticos intelectuais, usando óculos e vestindo ternos de negócios.

Os especialistas me mostraram alguns de seus panfletos que haviam sido jogados dos helicópteros sobre as forças iraquianas apenas um ou dois meses antes. Um deles dizia: "Ninguém se beneficia do uso de armas de destruição em massa. Toda unidade que escolhe usar armas de destruição em massa enfrentará a rápida e severa retaliação das forças de coalizão."

— Este produto — explicou um especialista — estabelece uma relação direta entre as necessidades não satisfeitas *deles* e o comportamento desejado por *nós*.

— O que você quer dizer? — perguntei.

— As necessidades não satisfeitas deles — explicou — é que eles não querem enfrentar a retaliação severa. E o comportamento desejado por nós é que eles não usem armas de destruição em massa.

Eu assenti com a cabeça.

— Nossos produtos mais efetivos são aqueles que relacionam uma necessidade não satisfeita da parte deles a um comportamento não desejado da nossa parte — ele disse.

Houve um silêncio.

— E armas de destruição em massa *não* foram usadas contra as forças americanas — agregou o especialista —, então esse panfleto pode muito bem ter sido efetivo.

— Você realmente...? — comecei. — Ah, nada — eu disse.

Eu peguei outro panfleto. Dizia: "Seu povo não está sendo alimentado. Seus filhos estão ficando famintos. Enquanto você vive na miséria, os generais de Saddam estão tão gordos e acima do peso que ele precisa multá-los a fim de mantê-los em forma para o combate."

Enquanto lia esse panfleto, tive uma breve conversa com um analista das PsyOps chamado Dave. Ele não usava uniforme. Era um homem simpático de meia-idade. O que ele me disse não pareceu particularmente significativo na época, então eu apenas concordei e sorri, e em seguida fui jogado da sala de conferência a um escritório revestido de carvalho, onde um homem alto e bonito vestindo cáqui apertou minha mão e disse:

— Oi, sou o coronel Jack N...

Ele corou, de modo tranquilizador.

— N! — ele riu. — Segundo nome! Jack N. Summe. Sou o comandante do 4º grupo aerotransportado das PsyOps, em Fort Bragg, na Carolina do Norte.

— Você é o responsável por todas as PsyOps? — perguntei.

Minha mão ainda estava sendo apertada firmemente.

— Sou o responsável pelo grupo ativo de Operações Psicológicas do exército dos Estados Unidos. Nossa tarefa é convencer os adversários a apoiarem as políticas dos EUA e tornar o campo de batalha um lugar menos perigoso usando técnicas multimídia.

— Coronel Summe — eu disse. — O que o senhor pode me contar sobre a utilização de *Barney* e *Vila Sésamo*, pelas PsyOps, dentro de contêineres em al-Qaim?

O coronel Summe não perdeu o rebolado.

— Eu estava nos quartéis do Estado-maior conjunto e assumi o comando do 4º grupo das PsyOps em 17 de julho, então não tive a capacidade de mobilizar operacionalmente a unidade até o Iraque e descobrir em que nível estamos fazendo as coisas. — Ele respirou fundo e continuou: — Nossa função é disponibilizar forças. Quando há uma solicitação, uma solicitação de crise, somos incumbidos de enviar homens das PsyOps em apoio. Quando as Operações Especiais utilizam...

As palavras do coronel Summe, disparadas como uma metralhadora, davam voltas em minha cabeça. Eu sorria e fazia que sim, com uma expressão vazia.

— ... estamos sempre apoiando o comandante. O comandante sênior, ou comandante de área, nunca é um oficial das PsyOps. Somos sempre uma força de apoio. Então, quando anexamos essa força das PsyOps a um comandante, ele pode identificar um uso da capacidade do alto-falante das Operações Psicológicas por essa mesma razão...

Eu continuei assentindo. Era quase como se o coronel Summe quisesse me dizer algo, mas queria me dizer de forma que eu não entendesse. Eu pensei que, talvez, conforme minha mente vagava e eu olhava pela janela para o pasto do lado de fora, na inútil esperança de ver cabras machucadas, ele estivesse realizando alguma espécie de operação psicológica sobre mim.

— ... Se temos forças de combate no campo, eu preferiria ver a capacidade das PsyOps sendo usada para apoiar aquelas forças de combate como opostas a alguma outra missão, como você meio que delineou.

Então o coronel Summe tossiu, e apertou minha mão novamente, e me agradeceu por meu interesse, e fui empurrado porta afora.

8. O PREDADOR

O mestre de artes marciais Pete Brusso, que ensina combate corpo a corpo na base da marinha de Camp Pendleton, em San Diego, leu o *Manual de operações do Primeiro Batalhão da Terra* "do começo ao fim". Apenas uma semana antes de eu conhecer Pete, em março de 2004, ele havia tido uma longa conversa telefônica com Jim, durante a qual discutiram como os princípios do Primeiro Batalhão poderiam ser utilizados atualmente no Iraque. Pete tinha vários de seus espiões no Iraque "neste momento", conforme me contou.

Estávamos atravessando o Camp Pendleton dentro do carro de Pete, um Hummer H1 de US$167 mil. Na placa estava escrito *My other car is a tank* [Meu outro carro é um tanque]. O Hummer de Pete parece uma versão assustadora de *O calhambeque mágico,* que pode nadar, navegar sem esforço pelos terrenos mais acidentados do planeta, e possui vários lugares espalhados pela carroceria onde acoplar armas. Pete aumentou o volume do som para demonstrar seu aparelho de última geração. Ele me fez escutar uma música alta e nítida, mas muito estranha, que, basicamente, dizia *bling blong bling blong*.

— Eu mesmo compus essa música — gritou Pete.

— O quê? — perguntei.

Pete diminuiu o volume.

— Eu mesmo compus essa música — repetiu.

— Interessante — respondi.

— Vou lhe dizer *por que* é interessante — disse Pete. — Evita grampos. Alguém está grampeando este Hummer? Basta aumentar o volume. O dispositivo de grampo não funciona. Os espiões normalmente pegam o cassete, eliminam a música e escutam a conversa. Não com *esta* música.

Pete faz para a marinha dos EUA em Camp Pendleton o que Guy Savelli costumava fazer para as Forças Especiais em Fort Bragg. Ele lhes ensina técnicas de artes marciais nos moldes do Primeiro Batalhão da Terra. Mas, diferentemente de Guy, Pete é um veterano militar. Ele lutou no Camboja por dez meses. Sua experiência de combate o fazia desdenhar da capacidade de Guy de matar uma cabra com o olhar. Cabras violentas não vêm correndo até você no campo de batalha. Esse talento de Guy pode ser lendário, mas é basicamente um truque de mágica.

Então, Pete aumentou o volume e me contou um segredo, do qual não pude ouvir nem uma palavra sequer, de modo que ele voltou a abaixar o volume e me contou novamente. O segredo era que ele e Guy Savelli são concorrentes. Os comandantes militares têm considerado a possibilidade de implementar um programa de treinamento obrigatório em artes marciais depois do 11 de Setembro. Os dois *sensei* — Pete e Guy — competiam um com o outro pelo contrato. Pete basicamente disse que não havia competição. Os militares iriam mesmo querer um *civil*, como Guy, com seus truques de mágica?

Em resumo, Pete é um pragmático. Ele é um admirador do Primeiro Batalhão da Terra, mas se encarregou de adaptar as ideias de Jim a aplicações práticas para a marinha no campo de batalha.

Pedi a Pete que me desse um exemplo de aplicação prática.

— OK — ele disse. — Há uma gangue de insurgentes diante de você. Você está sozinho e quer dissuadi-los de atacá-lo. O que você faz?

Eu disse a Pete que não sabia.

Pete disse que a resposta está no campo da paranormalidade — especificamente, o uso de estética visual para instaurar psiquicamente no inimigo um desincentivo a atacar.

— Você pode ser mais explícito? — pedi.

— OK — disse Pete. — O que você faz é agarrar um deles, arrancar seus olhos e esfaqueá-lo no pescoço, o sangue jorra como uma fonte, realmente, uma *fonte*; faça o sangue esguichar sobre seus amigos. Simplesmente puna-o até o último fio de cabelo, lá mesmo, diante de seus amigos.

— OK — eu disse.

— Ou ataque os pulmões — disse Pete. — Crie uma ferida enorme no peito. O que você tem então é uma grande absorção de ar e formação de espuma. Ou rasgue seu rosto com uma faca. Isso é algo engenhoso. Enfie a faca na clavícula dele. Tendo feito isso, você pode remover a maior parte do tecido daquele lado do pescoço. Separe o tronco encefálico da nuca. Não requer muitos movimentos, fisicamente falando. — Pete fez uma pausa. — O que estou fazendo, vê, é criar um poderoso desincentivo psíquico visual para que outros insurgentes me ataquem.

Pete aumentou o volume do som.

— Isso é uma... — gritei.

— O quê? — gritou Pete.

— ... Livre interpretação dos ideais de Jim — gritei.

Pete abaixou o volume novamente e deu de ombros para dizer, é isso aí. Isso é a guerra.

Paramos o carro do lado de fora de um hangar. Meia dúzia de discípulos de Pete estavam esperando por ele. Nós entramos. Então Pete disse:

— Sufoque-me.

— O quê? — eu disse.

— Sufoque-me — disse Pete. — Sou velho e gordo. O que posso fazer? Sufoque-me. Aqui.

Pete apontou para o pescoço.

— Agora sufoque — ele disse, amavelmente. — Vamos. Vamos.

— Sabe — eu disse a Pete —, eu acho que nenhum de nós tem de provar nada aqui.

— Sufoque-me — repetiu Pete. — Ataque-me.

Quando ele disse as palavras "ataque-me", desenhou as aspas com os dedos no ar, o que me deixou um pouco irritado, porque isso implicava que eu era incapaz de preparar qualquer coisa além de um ataque de mentira. Eu realmente era incapaz, mas eu conhecia Pete há apenas

PRIMEIRO BATALHÃO DA TERRA

Contêiner atrás da estação de trem desativada em al-Qaim,
Iraque, onde a música "I love you", de Barney,
o dinossauro lilás, foi tocada para os detentos

Fotografia de Chuck Shramek

Ciclistas felizes

Os Olson no Salão Oval. Eric é o segundo a partir da direita

Os Olson de volta à casa

alguns minutos e sentia que ele já estava tirando conclusões a meu respeito.

— Se eu escolher sufocá-lo — eu disse —, o que você pretende fazer?

— Vou interromper seu padrão de pensamento — disse Pete. — Seu cérebro levará três décimos de segundo para perceber o que está lhe acontecendo. E, depois desses três décimos de segundo, você será meu. Vou tocá-lo e pronto. Não vou mover nem mesmo meus pés. Mas vou me projetar em você, e você vai voar.

— Bem — eu disse. — Se eu decidir sufocá-lo, você levará em consideração que eu não sou da marinha?

— Sufoque-me — disse Pete. — Vamos.

Eu olhei para trás e vi algumas arestas afiadas.

— Nas arestas afiadas, *não* — eu disse. — Nas arestas afiadas, *não*.

— OK — disse Pete. — Nas arestas afiadas, não.

Levantei as mãos pronto para sufocar Pete, e me surpreendi ao perceber com que violência elas tremiam. Eu havia presumido, até aquele momento, que estávamos basicamente brincando, mas a visão de minhas mãos me fez perceber que não estávamos. Naquele momento de percepção, o resto do meu corpo acompanhou as mãos. Eu me senti incrivelmente fraco. Abaixei as mãos novamente.

— Sufoque-me — disse Pete.

— Antes de sufocá-lo — eu disse —, gostaria de lhe fazer uma ou duas perguntas.

— Sufoque-me — disse Pete. — Vamos. Sufoque-me. Apenas sufoque-me.

Eu suspirei, coloquei minhas mãos ao redor do pescoço de Pete e comecei a apertar.

Eu não vi as mãos de Pete se moverem. Tudo o que sei é que minhas axilas, meu pescoço e meu peito começaram a doer enormemente, todos de uma vez, e então eu estava voando, voando pela sala, voando em direção a dois infantes da marinha, que gentilmente saíram do caminho, e depois estava deslizando, deslizando como um patinador ferido em direção a arestas afiadas, e vim parar a alguns centímetros dessas arestas. Eu sentia muita dor, mas também estava impressionado. Pete era verdadeiramente um mestre da violência.

— Caramba — eu disse.

— Dói? — perguntou Pete.

— Sim — respondi.

— Eu sei que dói — disse Pete. Ele parecia satisfeito. — Dói pra cacete, não é?

— Sim — eu disse.

— Você sentiu medo, não foi? — disse Pete. — Antes.

— Sim — afirmei. — Eu estava debilitado de medo.

— Você diria que o nível de medo que sentiu era anormal para você? — perguntou Pete.

Eu pensei nisso.

— Sim e não — respondi.

— Explique mais — disse Pete.

— Às vezes sinto medo quando algo ruim está acontecendo comigo, ou quando está para acontecer — expliquei —, mas, por outro lado, a *intensidade* do medo que senti ao tentar asfixiá-lo parecia incomum. Definitivamente, eu estava *mais assustado* do que tinha de estar.

— Você sabe por quê? — disse Pete. — Não era você. Era eu. Era projeção de pensamento. Eu estava dentro de sua cabeça.

Ele explicou que eu era um joguete da vida real de uma aplicação prática da visão de Jim Channon. Eu era o insurgente iraquiano sendo borrifado com a fonte de sangue que emanava do pescoço do amigo. Eu era o hamster. Eu era a cabra.

E então Pete tirou do bolso um pequeno objeto disforme de plástico amarelo. Tinha algumas extremidades pontiagudas e outras suaves, e um buraco no meio. Parecia um brinquedo de criança, embora sem nenhum meio óbvio de ser divertido. Esse objeto disforme amarelo, conforme me contou Pete, havia sido desenhado por ele, mas era uma personificação da visão de Jim Channon, e nesse momento estava sendo carregado nos bolsos dos membros da 82ª Divisão Aerotransportada no Iraque, e logo, se o Pentágono desejasse, estaria nos bolsos de todos os soldados do exército dos Estados Unidos. Conforme Pete, seu objeto disforme "é gentil para com a Terra, tem um espírito para ela, é tão humano quanto você quer que seja, as partes pontiagudas entram nas pessoas, é capaz de extinguir sua vida em segundos, e parece um pouco engraçado". É, segundo ele, "o Primeiro Batalhao da Terra".

— Como se chama? — perguntei.

— Predador — respondeu Pete.

Durante uma ou duas horas, Pete feriu meus pontos de chacra, de muitas, muitas maneiras, com seu Predador. Ele agarrou meu dedo, colocou-o no buraco e o torceu 180 graus.

— Agora você é meu — ele disse.

— Pare de me machucar — falei.

Ele agarrou minha cabeça, grudou a parte pontiaguda em minha orelha e me ergueu do chão, como se eu fosse um peixe num anzol.

— Pelo amor de Deus — eu disse. — Pare.

— Essa é uma ótima história iraquiana, a propósito — disse Pete.

— Isso da orelha? — perguntei, levantando-me do solo e sacudindo a poeira.

— É — disse Pete.

— O que a história iraquiana tem a ver com colocar o Predador na orelha de alguém? — perguntei.

Pete começou a me contar, mas um comandante da marinha que estava parado perto de nós balançou a cabeça, de modo quase imperceptível, e ele ficou em silêncio.

— É suficiente dizer — disse Pete — que os iraquianos que não queriam se levantar se levantaram. — Ele fez uma pausa. — Que tal um pouco de dor? — falou.

— Não — eu disse.

Pete rapidamente esfregou a extremidade serrilhada do Predador em minhas têmporas e, quando soltei um grito apavorante, agarrou meus dedos e os espremeu de modo atroz contra a extremidade suave.

— PARE! — gritei.

— Imagine esta situação — disse Pete. — Estamos num bar em Bagdá e quero que você venha comigo. Você vem agora?

— Pare de me machucar o tempo todo — eu disse.

Pete parou e olhou para seu Predador com carinho.

— O que é interessante sobre ele — disse — é que se você o encontrasse no chão, ninguém saberia o que é, embora seja *tão* letal.

Pete fez uma pausa.

— Os olhos — ele disse.

— NÃO! — gritei.

— Você pode arrancar os olhos de alguém — disse Pete — com isso aqui.

No 34º andar do Empire State Building, na cidade de Nova York, Kenneth Roth, diretor da ONG Human Rights Watch, que atua em defesa dos direitos humanos, percebeu que estava numa situação estranha. Desde que a história de Barney veio à tona, os jornalistas lhe telefonavam para que comentasse o caso. Era uma piada surreal, mas também havia nela uma familiaridade reconfortante. Era a comédia do reconhecimento. Se Barney estava envolvido, a tortura não soava *tão* ruim. De fato, um artigo publicado em 21 de maio de 2003 no *Guardian*, um jornal que normalmente encontrava poucos motivos para ser engraçado ou otimista em relação à guerra do Iraque, também disse:

> O que os antigos *fedayin* e guardas republicanos estão enfrentando agora não é nada. Eles estão tendo de escutar a

música do Barney. A que horas? No meio do dia? Isso não significa nada. Só quando você foi tirado do sono antes do amanhecer, dia após dia durante meses, para entrar no mundo de dias gloriosos do Barney... só então você conhece o verdadeiro horror da guerra psicológica que é a vida com uma criança em idade pré-escolar.

Havia se tornado a piada mais engraçada da guerra. Horas depois que o artigo de Adam Piore apareceu na *Newsweek*, a internet estava fervilhando com piadas relacionadas à tortura de Barney, tais como "A repetição interminável da música tema de *Titanic* interpretada por Celine Dion seria infinitamente pior! Eles confessariam tudo em 10 minutos!"

E, em outro grupo de discussão: "Acho que, para os realmente durões, seriam necessárias 12 horas de Celine Dion!"

Num terceiro grupo de discussão que visitei, havia a seguinte mensagem postada: "Por que eles simplesmente não os fazem ouvir um pouco de Céline Dion? Aí sim seria uma punição cruel e incomum!"

E assim por diante.

De fato, a música tema do *Titanic* estava sendo tocada no Iraque, embora num contexto diferente. Uma das primeiras tarefas das PsyOps, quando Bagdá foi tomada, foi se apoderar das estações de rádio controladas por Saddam Hussein e veicular uma nova mensagem — de que a América não era o Grande Satã. Uma das formas pelas quais eles esperavam conseguir isso era tocando "My heart will go on" repetidas vezes. Como um país que produzia melodias como essa poderia ser tão mau? Isso me fazia lembrar a visão de Jim Channon de "olhos cintilantes" e "filhotes de cordeiros".

O próprio Adam Piore havia me contado que considerava o impacto de sua história do Barney muito desconcertante.

— Recebeu muitíssima atenção — ele disse. — Quando eu estava no Iraque, minha namorada telefonou para me contar que ela a havia visto passar na barra de notícias da CNN. Eu não acreditei. Pensei que devia ser algum engano. Mas então a Fox News quis me entrevistar. Depois fiquei sabendo que estava no programa *Today*. E depois a vi em *Stars & Stripes*.

— Como eles a relataram? — perguntei.

— Como algo cômico — disse Adam. — Sempre como algo cômico. Era meio ultrajante estar nesse lugar horrível na fronteira, numa estação de trem abandonada, totalmente desconfortável, sem poder tomar banho, dormindo em camas de lona, e quando finalmente tivemos acesso à TV a cabo alguns dias depois, passando na tela está... a história do *Barney*!

Kenney Roth, da Human Rights Watch, foi capaz de compreender o estado de ânimo geral. Ele percebeu que se suas respostas aos jornalistas fossem excessivamente austeras, pareceria que ele não estava *entendendo*. Ele soaria rabugento.

Então disse aos jornalistas, inclusive a mim:

— Tenho crianças pequenas. Posso entender o que é ficar louco com a música do *Barney*! Se eu tivesse de ouvir "I love you, you love me" no último volume repetidas vezes durante horas, talvez também estivesse disposto a confessar qualquer coisa!

E os jornalistas riam, mas ele rapidamente acrescentava:

— E me pergunto o que mais está acontecendo dentro daqueles contêineres enquanto a música está sendo tocada! Talvez os prisioneiros estejam levando pontapés. Talvez estejam nus com uma sacola na cabeça. Talvez estejam acorrentados e pendurados de cabeça para baixo...

Mas os jornalistas quase nunca, se é que alguma vez, incluíram essas possibilidades em suas histórias.

Quando me encontrei com Kenneth Roth, ele estava visivelmente farto de falar sobre Barney.

— Eles têm sido muito vivos a esse respeito — disse Kenneth.

— Vivos? — perguntei.

Ele parecia estar querendo dizer que a história do Barney havia sido disseminada deliberadamente *apenas para que* todas as violações de direitos humanos que estavam sendo cometidas depois da guerra do Iraque pudessem ser reduzidas a essa única piada.

Eu disse isso a ele, e ele deu de ombros. Ele não sabia o que estava acontecendo. Esse, segundo ele, era o problema.

O que eu sabia era que o sargento Mark Hadsell, o soldado das PsyOps que se aproximou de Adam Piore naquela noite e lhe disse para ver onde estavam os prisioneiros, recebera não mais do que uma leve reprimenda por sua indiscrição. Kenneth Roth estaria certo? Barney havia sido escolhido para torturar as pessoas no Iraque simplesmente porque o dinossauro fornecia algo poderoso: uma história engraçada para as pessoas em casa?

Há uma sala num prédio da polícia no topo de uma colina em Los Angeles que abriga uma seleção de sprays de pimenta, armas de imobilização e maus odores — minúsculas cápsulas de "matéria fecal, mamíferos mortos, enxofre e alho" que são "ótimas para dispersar as multidões" e "capazes de fazer até gambá desmaiar". O homem que me mostrou essas coisas foi o comandante Sid Heal do Departamento do Xerife de Los Angeles. Depois do coronel John Alexander, do Primeiro Batalhão da Terra, Sid é o principal defensor das tecnologias não letais nos Estados Unidos.

Sid e o coronel Alexander — "meu mentor", conforme Sid o chamava — reúnem-se frequentemente na casa de Sid para testar vários novos aparelhos de eletrochoque um no outro. Se os dois homens ficam impressionados, Sid os introduz no arsenal de imposição legal de Los Angeles. Em seguida, assim como a TASER, arma de eletrochoque hoje amplamente disseminada, as armas às vezes se espalham por toda a comunidade policial dos Estados Unidos. Um dia, alguém talvez calcule quantas pessoas estão vivas hoje, não tendo sido mortas a tiro por oficiais de polícia, graças a Sid Heal e ao coronel Alexander.

Sid Heal dedicara sua vida a pesquisar novas tecnologias não letais, então presumi que ele saberia tudo sobre a tortura do Barney, mas quando lhe descrevi o que eu sabia — as luzes piscando, a música repetitiva, o contêiner —, ele pareceu perplexo.

— Eu não sei por que eles estão fazendo isso — falei.

— Nem eu — ele disse.

Houve um silêncio.

— Você acha que *eles* sabem por que estão fazendo isso? — perguntei.

— Ah, sim. — Sid sorriu. — Eu não acredito que alguém iria tão longe para implementar um sistema elaborado como aquele sem ter um esquema em mente. Não testamos uns nos outros. Não em nossa cultura.

Sid ficou em silêncio. Ele pensava sobre a técnica de Barney, e as luzes piscando que a acompanhavam, e um olhar sobressaltado subitamente atravessou seu rosto.

— Imagino que poderia... — Ele parou e então disse: — Não.

— O quê? — perguntei.

— Poderia ser o efeito Bucha — falou.

— Efeito Bucha? — perguntei.

Sid me contou sobre a primeira vez que ouviu falar no efeito Bucha. Foi na Somália, durante a utilização parcialmente desastrosa da Espuma Aderente do coronel Alexander. Naquela noite, os especialistas em tecnologia não letal que haviam acompanhado a espuma até Mogadíscio estavam, compreensivelmente, na fossa, e a conversa girou em torno do que poderia ser o cálice sagrado dessas tecnologias exóticas. Foi então que o tenente Robert Ireland falou do efeito Bucha.

Conforme me contou Sid, tudo teve início nos anos 1950, quando helicópteros começaram a cair sem nenhuma razão aparente, e os pilotos que sobreviveram não foram capazes de explicar por quê. Eles vinham pilotando como de costume quando, de repente, sentiram náuseas, vertigem e fraqueza, perderam o controle dos helicópteros e caíram. Então, um tal de Dr. Bucha foi chamado para resolver o mistério.

— O que o Dr. Bucha descobriu — disse Sid — foi que as lâminas do rotor estavam refletindo a luz do sol e, quando esta se aproximou da frequência de onda do cérebro humano, passou a interferir na capacidade do cérebro de enviar informações corretas ao resto do corpo.

Em consequência das descobertas do Dr. Bucha, novas medidas de segurança foram introduzidas, tais como vidro polarizado, viseira de capacete e coisas do tipo.

— Acredite — disse Sid Heal —, há formas mais fáceis de se privar alguém do sono. Música do Barney? Luzes piscando? A privação do sono pode ser uma parte disso, mas tem de haver algum efeito oculto mais profundo. Meu palpite é de que esse é o efeito Bucha. Meu palpite é de que eles estão visando as amídalas cerebrais.

— Imagine isso — continuou Sid. — Você está andando num corredor escuro, e um vulto aparece na sua frente, e você grita e dá um pulo para trás e de repente percebe que é sua esposa. Isso não são duas informações — ele disse. — É a mesma informação sendo processada simultaneamente por duas partes diferentes do cérebro. A parte em que se dá o discernimento leva três ou quatro segundos. Mas a parte que é *reacionária* — as amídalas — leva apenas meio segundo.

A busca por aproveitar aquele momento das amídalas cerebrais, aqueles segundos esmagadores de pavor insuportável, prostrante, aproveitar aqueles momentos e não os deixar ir, prolongando-os por tanto tempo quanto seja operacionalmente necessário, aquele, segundo Sid, é o objetivo do efeito Bucha.

— Seria a derradeira arma não letal — afirmou.

— Então — eu disse —, a tortura com a música de Barney e as luzes piscando num contêiner atrás de uma estação de trem em al-Qaim podem ser, na verdade, a *derradeira* arma não letal?

— Eu não conheço ninguém que tenha conseguido — disse Sid. — O problema é que o limiar entre ser eficiente e tornar permanentemente inutilizado é tão estreito que eu...

Então Sid ficou em silêncio, creio que porque ele percebeu que se completasse a frase levaria sua mente a um lugar onde ele não queria ir, um lugar onde os soldados no Iraque na verdade não se importavam, como ele se importava, com aquele limiar.

— Mas eles talvez tenham conseguido — eu disse.

— Talvez — disse Sid, num tom melancólico. — Sim. — E então acrescentou: — Mas todo tipo de arma não letal que forçasse a obediência num interrogatório não seria nem um pouco interessante para nós, porque as provas resultantes não poderiam ser usadas no tribunal.

— Mas eles não têm essas restrições dentro de um contêiner em al-Qaim — eu disse.

O PREDADOR

— Não, não têm — disse Sid.

— Hum — falei.

— Você sabe em que está tropeçando aqui? — indagou-me Sid.

— Em quê? — perguntei.

— No lado negro — falou.

Depois de falar com Sid, eu retornei ao Reino Unido e descobri que me haviam sido enviadas sete fotografias. Elas foram tiradas por um fotógrafo da *Newsweek*, Patrick Andrade, em maio de 2003, e na legenda estava escrito: "Um detento fugitivo é levado de volta a uma área de retenção em al-Qaim, no Iraque." Não há sinal de alto-falantes, mas as fotografias mostram o interior de um dos contêineres atrás da estação de trem desativada.

Na primeira fotografia, dois soldados americanos fortes estão empurrando o detento por uma paisagem de ferro ondulado e arame farpado. Ele não parece difícil de se empurrar. É magro feito um palito de fósforo. Um trapo cobre seu rosto. Um dos soldados pressiona uma arma contra sua nuca. Seu dedo está no gatilho.

Em todas as outras fotografias, o detento está dentro do contêiner. Ele está descalço, tem os tornozelos atados por uma fina tira de plástico e está agachado num canto, contra o muro metálico ondulado. O chão de metal está coberto de poeira marrom e poças. Logo atrás do contêiner, em meio à sombra, é possível distinguir a figura de

177

outro detento, deitado entre outros no solo, seu rosto coberto por um capuz.

Agora o trapo cobre apenas os olhos do primeiro homem, de modo que é possível ver seu rosto, que é profundamente marcado, como o rosto de um velho; mas seu bigode ralo revela que ele provavelmente tem cerca de 17 anos. Ele veste uma camiseta branca rasgada, coberta com manchas amarelas e marrons. Há uma ferida aberta em um de seus braços esqueléticos, e acima dela alguém escreveu um número com uma caneta hidrográfica preta.

Ele pode ter feito coisas terríveis. Eu não sei nada sobre ele além desses sete fragmentos de sua vida. Mas posso afirmar uma coisa: na última fotografia, ele está gritando com tanta força que é quase como se estivesse rindo.

9. O LADO NEGRO

— Não experimentamos um no outro — Sid Heal havia me dito em Los Angeles no início de abril de 2004. — Não em nossa cultura.

Uma semana ou duas se passaram. E então apareceram outras fotografias. Eram fotos de prisioneiros iraquianos na prisão de Abu Ghraib, nos arredores de Bagdá. Uma reservista norte-americana de 21 anos, a soldado Lynndie England, fora fotografada arrastando um homem nu pelo chão numa correia. Em outra foto, ela estava em pé sorrindo, com um cigarro pendendo da boca, enquanto apontava para as genitálias de uma fileira de homens nus e encapuzados.

Lynndie England, com seu corte de cabelo curto e assimétrico e seu doce rosto jovem, era a estrela de muitas das fotografias. Foi ela que se ajoelhou rindo atrás de uma pilha de prisioneiros nus. Eles haviam sido forçados a formar uma espécie de pirâmide humana. Talvez fosse sua a lingerie estendida sobre a cabeça de um iraquiano nu, que foi atado a um estrado de metal com as costas arqueadas de modo cruel.

Parecia que um pequeno grupo de guardas militares, com Lynndie England no centro, usara Abu Ghraib para satisfazer suas fantasias sexuais, e sua ruína fora o desejo de tirar fotografias como troféu.

O secretário de Defesa dos EUA, Donald Rumsfeld, visitou a prisão. Ele disse aos soldados reunidos que os acontecimentos mostrados nas fotografias eram obra de "uns poucos que traíram os valores americanos e mancharam a reputação do país": "Foi um grande golpe para mim. Aqueles que cometeram crimes pagarão, e o povo americano ficará orgulhoso disso, assim como o povo iraquiano."

O exército pendurou uma placa na entrada da prisão que dizia: "A América é amiga de todo o povo iraquiano."

Lynndie England foi presa. Quando isso aconteceu, ela já estava de volta aos EUA, grávida de cinco meses, realizando tarefas administrativas em Fort Bragg. Soube-se que ela vinha de uma cidade pobre no interior de West Virginia e havia vivido por um tempo num *trailer*. Para alguns comentaristas, aquilo explicava tudo.

"AMARGO PESADELO CHEGA AO IRAQUE", dizia uma manchete.

> No filme americano *Amargo pesadelo*, de 1972, Bobby, o obeso vendedor de apólices de seguro (Ned Beatty), é obrigado a tirar a roupa. Então, é violentado pelo maior de dois caipiras, ao mesmo tempo que é forçado a berrar como um porco. Talvez seja hora de repensar se esses personagens foram exageros. A senhora England definitivamente acena do país dos caipiras.

As fotos dificilmente poderiam ter sido mais repulsivas, mas o eram principalmente para os iraquianos, a quem durante muito tempo lhes foi imposta a visão de Saddam de que a América era, no fundo, incontrolavelmente depravada e imperialista. Ali estavam jovens muçulmanos — cativos — sendo humilhados e massacrados pelo que parecia ser a grotesca decadência sexual americana. Chamou minha atenção, como uma infeliz coincidência, o fato de que a jovem Lynndie England e seus amigos haviam criado uma cena que era a personificação do que mais causaria desgosto e repugnância ao povo iraquiano, aquelas pessoas cujas mentes e corações eram o grande prêmio para as forças de coalizão e também para os fundamentalistas islâmicos.

Mas então os advogados de Lynndie England saíram dizendo em sua defesa que ela obedecera ordens, abrandando os prisioneiros para os interrogatórios, e que as pessoas que davam ordens eram nada menos que a Inteligência Militar, a unidade um dia comandada pelo major-general Albert Stubblebine III.

Foi triste lembrar dos talheres dobrados e do nariz tantas vezes esborrachado, e pensar em como as boas intenções do general Stubblebine chegaram a isso. Seus soldados jamais teriam recorrido a tais atos terríveis. Em vez disso, teriam realizado feitos paranormais de tirar o fôlego, aliados a atos filantrópicos memoráveis.

Eu telefonei para o general Stubblebine.

— Qual foi a primeira coisa que o senhor pensou quando viu as fotografias? — perguntei.

— A primeira coisa que pensei — respondeu — foi "Que merda!"

— E a segunda?

— Graças a Deus não sou eu que estou na base da pirâmide.

— E a terceira?

— A terceira foi: "Isso *não* foi iniciado por alguns jovens nas trincheiras. Isso tem de ter sido dirigido pelos membros da inteligência." Eu disse a Rima: "Você vai ver. Foi a inteligência." Sim. Alguém *muito* mais alto na inteligência deliberadamente projetou isso, defendeu isso, dirigiu isso, treinou as pessoas para fazerem isso. Não há dúvidas. E quem quer que seja essa pessoa, está muito bem escondida neste momento."

— A Inteligência *Militar*? — perguntei. — O pessoal da sua época?

— É uma possibilidade — ele disse. — Meu palpite é não.

— Então quem?

— A Agência — ele disse.

— *A* Agência?

— *A* Agência — confirmou.

— Em conjunto com as PsyOps? — perguntei.

— Tenho *certeza* de que eles estão metidos nisso — disse o general. — Sem dúvida.

Houve um silêncio.

— Você sabe — disse o general Stubblebine —, se eles simplesmente tivessem seguido as ideias de Jim Channon, não teriam precisado de toda essa merda.

— Ideias de Jim Channon? Você quer dizer a música alta? — perguntei.

— Sim — disse o general.

— Então, a ideia de torturar prisioneiros com música no último volume — eu disse — *definitivamente* surgiu com o Primeiro Batalhão da Terra?

— Definitivamente — disse o general. — Isso está fora de questão. Assim como as frequências.

— Frequências? — perguntei.

— Sim, frequências — falou.

— O que elas fazem? — perguntei.

— Desequilibram as pessoas — disse ele. — Você pode fazer qualquer coisa com as frequências. Olha, você pode usar uma frequência para fazer um sujeito ter diarreia, fazê-lo ficar mal do estômago. Eu não entendo por que eles tiveram que fazer essa merda toda que você viu nas fotos. Deveriam simplesmente tê-los submetido às frequências!

Houve um silêncio.

— Embora, pensando bem — acrescentou, com certo pesar —, não estou seguro do que a Convenção de Genebra diria sobre algo como aquilo.

— A música alta e as frequências?

— Acho que ninguém sequer pensou sobre isso — disse o general. — Provavelmente, é um terreno inexplorado da perspectiva da Convenção de Genebra.

Em 12 de maio de 2004, Lynndie England deu uma entrevista a Brian Maas, repórter de um canal de TV com sede em Denver:

BRIAN MAAS: Aconteceram coisas piores do que as que vimos nessas fotografias aos prisioneiros iraquianos naquelas prisões?

LYNNDIE ENGLAND: Sim.

BRIAN MAAS: Você pode me falar sobre isso?

LYNNDIE ENGLAND: Não.

BRIAN MAAS: O que você pensou quando aquelas fotos foram tiradas?

LYNNDIE ENGLAND: Pensei que aquilo era meio estranho... Eu na verdade não queria estar em nenhuma foto.

BRIAN MAAS: Há uma foto que foi tirada de você segurando um prisioneiro iraquiano numa correia. Como aquilo aconteceu?

LYNNDIE ENGLAND: Fui instruída por meus superiores a "ficar lá, segurar a correia e olhar para a câmera". E eles tiraram uma foto para as PsyOps e isso é tudo o que eu sei... me disseram para ficar lá, fazer sinal de joia, sorrir, ficar atrás de todos aqueles iraquianos nus na pirâmide [para que eles tirassem a foto].

BRIAN MAAS: Quem lhe disse para fazer aquilo?

LYNNDIE ENGLAND: Meus superiores na cadeia de comando... Eram por motivos das PsyOps e funcionaram. Então, para nós, estávamos fazendo nosso trabalho, o que quer dizer que estávamos fazendo o que nos mandavam, e o resultado era o que eles queriam. Eles voltavam, olhavam para as fotos e diziam: "Ah, essa é uma boa tática, continue. Está funcionando. Está funcionando. Continue fazendo isso, estamos conseguindo o que queremos."

Lynndie England parecia estar dizendo que as fotografias eram nada menos que uma elaborada cena teatral das PsyOps. Ela contou que as pessoas das PsyOps que lhe disseram "continue fazendo isso, está conseguindo o que queremos" não usavam credenciais. Eu estava começando a me perguntar se, na verdade, os cenários foram cuidadosamente calculados por um especialista cultural das PsyOps para apresentar a visão que mais causaria repugnância aos jovens iraquianos. Seria possível que o propósito não fossem os atos capturados nas fotografias, mas as *próprias* fotos? Pretendia-se mostrar as fotos apenas aos prisioneiros iraquianos individuais, para assustá-los e fazer com que cooperassem, em vez de sair e assustar o mundo inteiro?

Depois que ouvi a entrevista com Lynndie England, desenterrei minhas anotações da época em que visitei as PsyOps. Eles haviam me levado ao quartel-general em Fort Bragg para me mostrar sua coleção de CDs em outubro de 2003, o mesmo mês em que as fotos de Abu Ghraib haviam sido tiradas. Eu li rapidamente toda a história de "necessidades não satisfeitas" e "comportamento desejado", até que encontrei minha conversa com o simpático investigador em trajes civis, o "analista cultural sênior" chamado Dave, especializado no Oriente Médio.

Nossa conversa, na época, parecera inócua. Falávamos sobre os "produtos" das PsyOps em geral. Todos os materiais das PsyOps são conhecidos como "produtos" — os programas de rádio, os panfletos e assim por diante.

Ao reler minhas anotações, o que ele me dissera adquiriu uma dimensão totalmente nova.

— Pensamos sobre como um iraquiano irá reagir a nossos produtos, não sobre como um americano irá reagir — falou.

Ele me contou que eles têm conselhos — comitês de analistas e especialistas militares — que analisam cada produto para verificar se promove a causa da política externa norte-americana.

— E, se é aprovado — ele disse — nós o produzimos, seja aqui ou lá fora [no Iraque].

Então Dave falou sobre como o público-alvo de seus "produtos" — soldados, civis ou detentos iraquianos — nem sempre são os consumidores mais dispostos.

— Não é como vender coca-cola — ele disse. — Às vezes você está tentando vender a alguém algo que você sabe que, lá no fundo, eles podem não querer. Isso causa ambiguidades e problemas. E eles têm de pensar sobre isso. É como vender vitamina D para tomar. Algo que eles podem não querer, mas que eles precisam para sobreviver.

— Interessante — eu disse.

— Causa ambiguidades — ele disse.

10. UMA FÁBRICA DE IDEIAS

No início de 2004, ouvi um boato de que Jim Channon começara a se encontrar em particular com o general Pete Schoomaker, o novo chefe de Estado-maior do exército dos EUA.

O presidente Bush havia nomeado o general Schoomaker ao posto em 4 de agosto de 2003. Sua "mensagem de boas-vindas", para usar o termo militar para um discurso de aceitação, incluía as seguintes frases:

> A guerra é tanto uma realidade física quanto um estado de espírito. A guerra é ambígua, incerta e injusta. Quando estamos em guerra, precisamos pensar e agir de modo diferente. Devemos antecipar o derradeiro controle da realidade — o combate. Devemos vencer tanto a guerra quanto a paz. Devemos estar preparados para questionar tudo. Nossos soldados são guerreiros de caráter... Nosso azimute para o futuro é bom.

Azimute? Eu procurei sua definição. É "a direção de um objeto celestial". As notícias dos encontros do general

Schoomaker com Jim Channon não foram uma grande surpresa para mim. (De fato, além das pistas linguísticas, o histórico da carreira do general Schoomaker também apontava para isso. Ele havia sido comandante das Forças Especiais em Fort Bragg de fevereiro de 1978 a agosto de 1981, e também na segunda metade de 1983, durante o período em que os guerreiros Jedi e aqueles que encaravam cabras estavam em plena atividade em seu recanto da base. Eu não posso acreditar que ele não tenha tido conhecimento das conquistas do grupo, ou mesmo as sancionado.)

Dizia-se que o general Schoomaker estava considerando trazer Jim de volta para criar, ou contribuir com, um novo e secreto grupo de reflexão, projetado para encorajar o exército a levar sua mente cada vez mais além do pensamento dominante.

Jim fora membro de um grupo similar no início dos anos 1980. Chamava-se Task Force Delta, e era formado por cerca de 300 soldados de alta patente que se encontravam quatro vezes por ano para rituais e sessões de *brainstorming* em Fort Leavenworth, e passavam o resto do tempo comunicando-se uns com os outros por meio de algo que chamavam de Meta Network, uma encarnação precoce da internet.

Foi um soldado do Task Force Delta chamado coronel Frank Burns, um dos amigos mais antigos de Jim Channon, que lançou sua tecnologia para o exército dos EUA no final dos anos 1970. Em 1983, o coronel Burns publicou um poema em que previa como sua ornamentada rede de comunicação poderia, no futuro, influenciar o mundo:

Imagine a emergência de uma nova metacultura.
Imagine todo tipo de pessoa em toda a parte
comprometendo-se com a excelência humana,
comprometendo-se a superar o abismo
entre a condição humana
e o potencial humano...
E imagine todos nós conectados
com um sistema de comunicação comum de alta tecnologia.
Essa é uma visão que traz lágrimas aos olhos.
A excelência humana é um ideal
que podemos incrustar
em toda estrutura humana formal
em nosso planeta.
E esse é o verdadeiro motivo pelo qual faremos isso.
E é também por esse motivo
que a Meta Network é uma criação
que podemos amar.

Apesar do fracasso do coronel Burns em prever que as pessoas usariam a internet principalmente para acessar conteúdo pornô e buscar a si mesmos no Google, sua presciência era admirável. Acredita-se que esse mesmo coronel, junto com Jim Channon, seja a inspiração por trás do slogan de recrutamento "Be all you can be" ["Seja tudo o que você puder ser"], e o jingle associado que, praticamente sozinho, transformou o destino do exército nos anos 1980. O coronel Burns atribuiu suas ideias à leitura do *Manual de operações do Primeiro Batalhão da Terra*, de Jim Channon.

Na época, a falta de recrutas fora a grande crise enfrentada pelo exército. Não era nenhuma surpresa, agora que o general Schoomaker, um fã de Jim Channon, estava a cargo do exército dos EUA, que esses homens seriam alistados novamente a fim de contribuir, com suas ideias, para a superação da nova crise — a guerra contra o terror.

Jim me enviou um e-mail para dizer que os rumores sobre o grupo de reflexão do general Schoomaker eram verdadeiros. Conforme explicou, a ideia surgira "porque agora Rumsfeld pediu abertamente contribuições criativas na guerra contra o terrorismo... mmmm".

Jim agregou que ele não queria que eu contatasse o general Schoomaker em busca de um comentário: "Não suporto a ideia de que você interromperia o importante dia desse homem com uma solicitação tão gratuita. Controle-se! Isso é loucura da mídia e está levando o mundo à ruína! Eu sei que você compreende."

Mas Jim forneceu informações sobre sua contribuição com a política externa de George W. Bush:

> O exército solicitou meus serviços para ensinar majores selecionados a dedo. O Primeiro Batalhão da Terra é o modelo a ser seguido. Eu fiz isso na presença do general Pete Schoomaker... Estou em contato com pessoas que estão ou estiveram recentemente no Afeganistão e no Iraque. Enviei planos de estratégia de saída com base nos ideais do Primeiro Batalhão da Terra.
>
> Toda semana, falo com um membro do batalhão de controle de estresse no Iraque, que carrega o manual e o utiliza para informar seus colegas de equipe sobre seu potencial de contribuição para com o exército. Lembre-se, a mitologia do batalhão funciona como o folclore. É transmi-

tida em histórias, não em missões ou artefatos do mundo real. Os resultados são onipresentes, contagiosos, mas, por definição, não arquivados.

Embora Jim professasse nenhum interesse pelos "artefatos do mundo real" inspirados por ele, os quais estavam disseminados na guerra contra o terror, eu havia me tornado um pouco obcecado por identificá-los.

Após a guerra, pequenos fragmentos do Primeiro Batalhão da Terra estavam se revelando por todo o Iraque. Um ex-espião militar com quem falei dividia os fãs atuais de Jim em duas categorias — os ninjas negros e os ninjas brancos — e foi assim que também vim a conhecê-los.

A 785ª unidade da Companhia Médica de Controle de Estresse em Combate, sediada em Taji, cerca de 30 quilômetros ao norte de Bagdá, consistia em ninjas brancos. Um de seus soldados, Christian Hallman, enviou-me um e-mail:

> Eu utilizo muitas tecnologias do Primeiro Batalhão da Terra — meditação, ioga, chi kun, relaxamento, visualização —, todas parte das ferramentas do Primeiro Batalhão da Terra para o tratamento do estresse de combate. Seria ótimo se você viesse ao Iraque me entrevistar, mas primeiro preciso verificar com meu comandante. Ele leu parte da literatura do Primeiro Batalhão da Terra que lhe dei e até mesmo conversou com Jim pelo telefone.

No dia seguinte, Christian me mandou um novo e-mail: "Meu comandante precisa falar com o comandante executivo antes de tomar uma decisão."

E então, no terceiro dia:

> Meu comandante não deu permissão. Ele não quer correr o risco de possivelmente distorcer o que fazemos e nossa reputação. Às vezes, a política triunfa.
> Paz no Oriente Médio,
> Christian.

Algumas semanas depois que recebi este e-mail, descobri um fato que me impressionou; era tão bizarro e incongruente que eu não sabia o que fazer com ele. Era ao mesmo tempo banal e extraordinário, e totalmente inconsistente com os outros fatos que o circundavam. Foi algo que aconteceu a um morador de Manchester chamado Jamal al-Harith num lugar conhecido por Brown Block. Jamal tampouco sabe o que fazer com o fato, então o deixou de lado, e só lhe ocorreu mencioná-lo a mim quando o encontrei no café do hotel Malmaison, perto da estação Piccadilly em Manchester, na manhã de 7 de junho de 2004.

Jamal é um web designer. Ele mora com as irmãs em Moss Side. Tem 37 anos, é divorciado e tem três filhos. Ele me contou que presumia que o MI5 o havia seguido até o hotel, mas parou de se preocupar com isso. Ele disse que continua vendo o mesmo homem observá-lo do outro lado da rua, encostado num carro, e sempre que o homem acredita ter sido visto, adquire uma expressão de pânico e imediatamente se abaixa para mexer fortuitamente no pneu.

Jamal riu quando me contou isso.

Seu nome original é Ronald Fidler, e ele pertence à segunda geração de uma família de imigrantes jamaicanos. Aos 23 anos, conheceu o islamismo e se converteu, mudando seu nome para Jamal al-Harith por nenhum motivo em particular além do fato de gostar da sonoridade. Ele diz que al-Harith basicamente significa "plantador de sementes".

Em outubro de 2001, Jamal visitou o Paquistão como turista, segundo me contou. Ele estava em Quetta, na fronteira com o Afeganistão, há quatro dias, quando começou a campanha de bombardeio americana. Ele rapidamente decidiu partir para a Turquia e pagou um caminhoneiro local para levá-lo até lá. O caminhoneiro disse que a rota os levaria pelo Irã, mas de algum modo eles acabaram no Afeganistão, onde foram parados por uma gangue de partidários do Talibã. Eles pediram para ver o passaporte de Jamal, e ele foi imediatamente levado e jogado numa cela sob suspeita de ser um espião britânico.

O Afeganistão caiu nas mãos da coalizão. A Cruz Vermelha visitou Jamal na cadeia. Eles sugeriram que ele cruzasse a fronteira para o Paquistão e voltasse a Manchester por conta própria, mas Jamal não tinha dinheiro, e então lhes pediu que, em vez disso, o colocassem em contato com a embaixada britânica em Cabul.

Nove dias depois — enquanto ele aguardava em Kandahar para que a embaixada o transportasse para casa — os americanos o buscaram.

— Os americanos — disse Jamal — me sequestraram. — Quando ele disse "sequestraram", pareceu surpreso consigo mesmo por usar uma palavra tão forte.

Os americanos em Kandahar disseram a Jamal que ele precisava ser enviado a Cuba por dois meses para processos administrativos e assim por diante, e depois o que ele sabia era que estava num avião, algemado, com os braços acorrentados às pernas, e então acorrentados a um gancho no solo, seu rosto coberto com abafadores auditivos, óculos de proteção e uma máscara cirúrgica, rumo à baía de Guantánamo.

Nas semanas que se seguiram à libertação de Jamal, dois anos depois, ele deu algumas entrevistas, durante as quais falou das algemas, do confinamento solitário e das surras — as coisas que o mundo externo já havia imaginado sobre a vida dentro daquele recinto misterioso. Ele disse que bateram em seus pés com bastões, borrifaram-lhe pimenta e o mantiveram dentro de uma jaula que era exposta à ação do tempo, sem nenhuma privacidade ou proteção contra os ratos, cobras e escorpiões que rastejavam pela base. Mas essas não eram revelações sensacionais.

Ele falou com Martin Bashir, da ITV, que lhe perguntou (fora das câmeras):

— Você assistiu a meu documentário sobre Michael Jackson?

Jamal respondeu:

— Eu, hum, estive na baía de Guantánamo por dois anos.

Quando encontrei Jamal, ele começou a me contar sobre os abusos mais desconcertantes. Prostitutas foram enviadas dos Estados Unidos — ele não sabe se elas estavam lá apenas para espalhar seu sangue menstrual na cara dos detentos mais devotos. Ou talvez tenham sido trazidas para servir os soldados, e algum investigador das PsyOps — um analista cultural residente — teve a ideia de inventar essa outra tarefa para elas, explorando os recursos à disposição do exército.

— Um ou dois dos caras britânicos — contou-me Jamal — disseram aos guardas: "*Nós* podemos ter essas mulheres?" Mas os guardas disseram: "Não, não, não. As prostitutas são para os detentos que de fato *não* as querem." Eles *explicaram* isso para nós! "Se você quer, não será usada em você."

— E o que as prostitutas faziam para os detentos? — perguntei.

— Apenas sacaneavam com seus genitais — disse Jamal. — Tiravam a roupa na frente deles. Esfregavam os seios na cara deles. Nem todos os caras falavam. Eles simplesmente voltavam do Brown Block [o bloco de interrogatórios] e ficavam quietos durante dias, e choravam para si mesmos, então você sabe que algo aconteceu, mas não sabe o quê. Mas, quanto aos caras que falaram, isso foi o que ouvimos.

Perguntei a Jamal se ele pensava que os americanos em Guantánamo estariam se aventurando no uso de técnicas exóticas de interrogatório.

— Eles estavam fazendo muito mais do que se aventurando — respondeu.

E foi então que ele me contou sobre o que aconteceu com ele dentro do Brown Block.

Jamal disse que, sendo aquela a primeira vez que era torturado, ele não sabia se as técnicas testadas nele eram exclusivas de Guantánamo ou tão velhas quanto a própria tortura, mas elas lhe pareciam bem estranhas. Sua descrição da vida dentro do Brown Block fez a baía de Guantánamo parecer um laboratório experimental de interrogatórios, que abundava não só de agentes da inteligência, mas também de ideias. Era como se, pela primeira vez na carreira dos soldados, eles tivessem à sua disposição prisioneiros e instalações prontas para serem usadas, e não pudessem resistir a colocar todos os seus conceitos — que até então definhavam, às vezes por décadas, no campo insatisfatório da teoria — em prática.

Primeiro foram os ruídos.

— Eu os descreveria como ruídos industriais — disse Jamal. — Guinchos e estrondos. Eles costumavam ser emitidos no Brown Block em todas as salas de interrogatório. É impossível descrevê-los. Guinchos, estrondos, gás comprimido. Todo o tipo de coisa. Ruídos misturados.

— Como uma máquina de fax entrando em funcionamento? — perguntei.

— Não — disse Jamal. — Não geradas por computador. Industriais. Barulhos estranhos. E misturados com eles, costumava haver algo como um piano eletrônico. Mas não eram *músicas*, porque não havia ritmo.

— Eram como um sintetizador?

— Sim, um sintetizador mixado com barulhos industriais. Tudo uma mistura e uma confusão.

— Você alguma vez lhes perguntou por que eles faziam vocês ouvirem esses barulhos estranhos? — eu disse.

— Em Cuba, você aprende a aceitar — disse Jamal.

Os barulhos industriais eram emitidos no último volume por todo o bloco. Entretanto a coisa mais estranha de todas aconteceu dentro da sala de interrogatório do próprio Jamal. A sala estava equipada com uma câmera do circuito interno de TV e um espelho falso. Jamal era trazido para sessões de 15 horas, durante as quais eles não conseguiam arrancar nada dele porque, conforme me disse, não havia nada para ser arrancado. Ele disse que seu passado era tão limpo — nem mesmo uma multa de trânsito — que em certo momento alguém caminhou até ele e sussurrou: "Você é um recurso do MI5?"

— Um recurso do MI5! — disse Jamal. Ele assobiou. — *Recurso!* — repetiu. — Essa foi a palavra que ele usou.

Os interrogadores estavam se tornando cada vez mais furiosos com sua aparente recusa ferrenha em se abrir. Além disso, Jamal usava seu tempo dentro do Brown Block para fazer exercícios de alongamento, de modo a manter-se são. Seu regime de exercícios deixava os interrogadores ainda mais irados, mas, em vez de espancá-lo ou ameaçá-lo, eles fizeram algo realmente muito estranho.

Um comandante da Inteligência Militar trouxe um estéreo portátil à sua sala. Ele o colocou no chão em um canto e disse:

— Esta é uma ótima banda de vocal feminino cantando músicas de Fleetwood Mac.

Ele não fez com que Jamal escutasse o CD no último volume. Não se tratava de privação de sono, nem de uma tentativa de induzir o efeito Bucha. Em vez disso, o agente simplesmente colocou o CD para tocar num volume normal.

— Ele colocou para tocar — disse Jamal — e saiu.

— Uma banda feminina que fazia covers de Fleetwood Mac? — perguntei.

— Sim — disse Jamal.

Para mim, isso parecia a ponta de um iceberg muito estranho.

— E o que aconteceu depois? — perguntei.

— Quando o CD terminou, ele voltou à sala e disse: "Você talvez goste disso." E colocou os maiores sucessos de Kris Kristofferson. Volume normal. E saiu da sala outra vez. E então, quando aquele CD terminou, ele voltou e disse: "Aqui está um CD de Matchbox Twenty."

— Ele estava fazendo isso para que você se divertisse? — indaguei.

— Era um interrogatório — disse Jamal. — Eu não acho que eles estivessem tentando me divertir.

— Matchbox Twenty? — falei.

Eu não sabia muito sobre Matchbox Twenty. Minhas pesquisas revelaram que eles são uma banda de country rock da Flórida com quatro integrantes, que não soam particularmente abrasivos (como Metallica e "Burn motherfucker burn!"), nem irritantemente repetitivos (como Barney e "Ya! Ya! Das is a mountain"). Lembram um pouco REM. A única outra ocasião em que eu ouvira falar de Matchbox Twenty foi quando Adam Piore, da *Newsweek*, me contou que eles também foram tocados no último volume nos contêineres em al-Qaim.

Eu mencionei isso a Jamal e ele pareceu abismado.

— Matchbox Twenty? — ele disse.

— Seu álbum *More than you think you are* — falei.

Houve um silêncio.

— Eu pensei que eles estivessem apenas tocando um CD — disse Jamal. — Apenas tocando um CD. Vendo se eu gosto de música ou não. Agora que você me contou isso, penso que devia haver algo mais acontecendo. Agora estou pensando, por que eles tocaram esse mesmo CD para mim? Estão tocando esse CD no Iraque e estão tocando o mesmo

CD em Cuba. Para mim, isso quer dizer que há um *programa*. Eles não estão tocando porque pensam que as pessoas gostam ou não de Matchbox Twenty mais do que de outras músicas. Ou de Kris Kristofferson mais do que de outras músicas. Há um motivo. Há algo mais acontecendo. Obviamente eu não sei o que é. Mas deve haver alguma outra intenção.

— Deve haver — concordei.

Jamal parou por um momento e então disse:

— Você não sabe quão fundo é o buraco, não é? Mas sabe que é fundo. Sabe que é fundo.

11. UM HOTEL ASSOMBRADO

Joseph Curtis (este não é seu nome verdadeiro) trabalhava no turno da noite na prisão de Abu Ghraib no outono de 2003. Ele foi exilado pelo exército em uma cidade na Alemanha. A ameaça de uma corte marcial pairava sobre ele. Ele dera uma entrevista sobre o que presenciara a uma agência de notícias internacional, provocando, desse modo, a ira de seus superiores. Ainda assim, mesmo acreditando que não deveria, e contrariando o conselho de seus advogados, ele concordou em me encontrar secretamente num restaurante italiano, em uma quarta-feira de junho de 2004. Não tenho certeza absoluta de por que ele estava disposto a correr o risco de ser censurado no futuro. Talvez acreditasse que não podia se sentar e assistir a Lynndie England e os outros policiais militares capturados nas fotografias serem bodes expiatórios simplesmente por seguir ordens.

Sentamo-nos na varanda do restaurante, e ele empurrava a comida pelo prato.

— Você já viu *O iluminado?* — perguntou.

— Sim — respondi.

— Abu Ghraib era como o Hotel Overlook — ele disse. — Era *assombrado*.

— Você quer dizer... — falei.

Eu presumi que Joseph queria dizer que o lugar era cheio de espiões secretos — comandantes da inteligência — mas o olhar em seu rosto me fez perceber que não.

— Era *assombrado* — falou. — Ficava muito escuro à noite. Muito escuro. Na época de Saddam, as pessoas eram dissolvidas em ácido ali. Mulheres estupradas por cachorros. Cérebros salpicados pelas paredes. Isso era pior do que o Hotel Overlook porque era *real*.

— Em *O iluminado* — eu disse —, era o prédio que tornava Jack Nicholson insano. Em Abu Ghraib, era o prédio que enlouquecia os americanos?

— Era como se o prédio quisesse estar de volta à ativa — disse Joseph.

Joseph vestia uma camiseta da Universidade de Louisiana. Ele tinha o corte de cabelo dos soldados norte-americanos, raspado nas laterais e curto no topo. Ele me disse que não podia acreditar na quantidade de dinheiro que circulava pelo exército naqueles dias. Eram tempos dourados, em termos orçamentários. Um dia, ele levou o caminhão para o conserto, e o soldado que o vistoriou disse: "Você precisa de novos assentos."

Joseph disse que não parecia que os assentos precisassem ser trocados.

O soldado respondeu que eles tinham US$200 mil em seu orçamento e que, se não gastassem antes do fim do mês, teriam de devolvê-los.

— Então — repetiu o soldado lentamente —, você precisa de novos assentos.

Joseph disse que eu não acreditaria na quantidade de monitores de plasma que havia no Iraque, para teleconferências e coisas do tipo. Eles tinham TVs em perfeito estado, mas um dia chegaram caminhões lotados de monitores de plasma, porque havia não sei quanto dinheiro sobrando.

Em janeiro de 2004, o influente grupo de reflexão e de lobby, GlobalSecurity, revelou que o governo de George W. Bush havia destinado a seu orçamento sigiloso mais dinheiro do que qualquer outra administração na história dos Estados Unidos.

A quantidade de dinheiro que uma administração gasta em orçamento sigiloso pode ser vista como um barômetro tentador de sua propensão ao mistério. Orçamentos sigilosos geralmente financiam apenas operações secretas — projetos altamente sensíveis e profundamente sombrios, tais como esquadrões de assassinato e afins, que se mantêm secretos não só para proteger os espiões secretos, mas também para proteger os americanos, que normalmente não querem pensar nesses assuntos. Mas os orçamentos sigilosos também financiam investigações de esquemas tão bizarros que sua divulgação talvez leve os eleitores a acreditarem que seus líderes perderam a razão. Em janeiro de 2004, a administração de George W. Bush havia canalizado aproximadamente US$30 bilhões para o orçamento sigiloso — para serem gastos em sabe Deus o quê.

Em meio ao ruído das obras viárias noturnas, eu tive de me esforçar para conseguir escutar Joseph quando ele me contou da escuridão em Abu Ghraib, de como aquela escuridão fazia se "revelar o animal que habita o homem", e do orçamento abundante e inesgotável.

— Abu Ghraib era uma atração turística — ele disse. — Eu lembro uma vez em que fui acordado por dois capitães. "Onde fica a câmara de morte?" Eles queriam ver a corda e a alavanca. Quando Rumsfeld veio visitar, ele não queria falar com os soldados. Tudo o que ele queria era ver a sala de execução.

Joseph comeu uma porção de comida.

— Sim, o animal que habita o homem realmente se revelou em Abu Ghraib — ele disse.

— Você quer dizer, nas fotografias? — perguntei.

— Em toda a parte — falou. — A liderança sênior estava se metendo com as patentes mais baixas...

Eu disse a Joseph que não entendia o que ele queria dizer. Ele explicou:

— Os líderes seniores estavam tendo relações sexuais com as patentes mais baixas. Os detentos estavam estuprando uns aos outros.

— Você já viu algum fantasma? — indaguei.

Ele parou de comer e empurrou a comida pelo prato outra vez.

— Havia algo obscuro naquele lugar — respondeu. — Você simplesmente tinha a sensação de que sempre havia algo lá, espreitando-o na escuridão, e que era algo muito mau.

Eu perguntei a Joseph se havia algo de *bom* em Abu Ghraib. Depois de pensar por um segundo, ele disse que era bom que a amazon.com fazia entregas lá. Então se lembrou de mais uma coisa boa. Disse que lá havia um homem talentoso que confeccionava aeromodelos. Ele os fazia com velhas caixas de ração e os pendurava no teto, na ala de isolamento. Certa vez, segundo Joseph, alguém veio até ele e disse:

— Você *tem* de ver esses aeromodelos! São incríveis! Um dos guardas na ala de isolamento pendurou uma porção deles no teto. Ei, e enquanto estiver lá, você também pode dar uma olhada nos "de alto valor"!

Os "de alto valor" era como o exército dos EUA se referia aos terroristas suspeitos, líderes insurgentes, estupradores ou molestadores de crianças, embora as coisas estivessem tão fora de controle após a guerra do Iraque que muitos dos "de alto valor" talvez fossem apenas passantes capturados no controle fronteiriço porque os soldados não gostaram do modo como olhavam.

Joseph estava a cargo da rede de computadores ultrassecreta em Abu Ghraib. Ele havia configurado o sistema e fornecido os nomes de usuários e senhas de acesso. Sua tarefa não o levava à ala de isolamento, embora esta fosse logo no final do corredor. Então ele aceitou o convite. Ele se levantou de trás de sua mesa e andou em direção aos aeromodelos e aos "de alto valor".

Algumas semanas antes de meu encontro com Joseph, foi revelado, pelo Seymour Hersh no *New Yorker*, que em 9 de abril de 2004 o especialista Matthew Wisdom disse a uma audiência do artigo 32 (o equivalente militar a um grande júri):

— Eu vi dois detentos nus [na ala de isolamento em Abu Ghraib], um masturbando o outro ajoelhado com a boca aberta. Pensei que deveria simplesmente sair dali. Não achei que fosse correto...

Eu vi o sargento [Ivan] Frederick andar em minha direção, e ele disse: "Veja o que esses animais fazem quando você os deixa sozinhos por dois segundos." Eu ouvi a primeiro soldado raso [Lynndie] England gritar: "Ele está ficando duro."

A ala de isolamento ficava onde todas as fotografias foram tiradas — Lynndie arrastando um homem nu pelo chão com uma correia, e assim por diante.

Joseph virou a esquina na ala de isolamento.

— Havia dois PMs lá — contou-me. — E eles estavam constantemente gritando. "CALA ESSA BOCA!" Eles gritavam com um sujeito velho, fazendo-o repetir um número várias vezes. "156403. 156403. 156403." O cara não sabia falar inglês. Ele não sabia pronunciar os números. "EU NÃO ESTOU ESCUTANDO MERDA NENHUMA." 56403. 156403. 156403." "MAIS ALTO. MAIS ALTO." Então eles me viram. "Ei, Joseph! Como vai? NÃO ESCUTO MERDA NENHUMA. MAIS ALTO." "156403. 156403."

Joseph disse que os PMs haviam basicamente ido direto do McDonald's a Abu Ghraib. Eles não sabiam nada. E agora estavam sendo usados como bodes expiatórios porque aconteceu de serem identificados nas fotografias. Eles apenas fizeram o que o pessoal da Inteligência Militar, o pessoal de Joseph, lhes mandou fazer. As PsyOps estavam a somente um telefonema de distância. E, de todo modo, o pessoal da Inteligência Militar tinha todo aquele treinamento das PsyOps.

— O que eu tive que me lembrar sobre a Inteligência Militar era que eles eram os tipos "nerds" na escola — falou. — Sabe como é. Os párias. Associe aquilo tudo a um ego inflado, e a um pôster na parede dizendo "Aprovação do Comando Geral", e subitamente você tem caras que pensam que governam o mundo. É o que um deles me disse. "Nós governamos o mundo."

— Havia muitos agentes da inteligência em Abu Ghraib? — perguntei a Joseph.

— Havia pessoas da inteligência aparecendo lá que eu nem sequer sabia que *existiam* — ele disse. — Havia uma unidade de Utah. Todos *mórmons*. Era um verdadeiro caldeirão da inteligência, e todos eles tinham de vir até mim para obter seus nomes de usuários e senhas. Eram de todo tipo de unidade militar, além de civis e tradutores. Dois britânicos apareceram. Eles eram mais velhos, vestiam uniforme e estavam devidamente instalados. Tinham laptops e uma mesa.

Um ajudante de Condoleezza Rice, a conselheira de segurança nacional da Casa Branca, também visitou a prisão, para dizer rigorosamente aos interrogadores que eles não estavam obtendo suficientes informações úteis dos detentos.

— Então — disse Joseph — chegou um pelotão completo de Guantánamo. A notícia se espalhou. "Ah Deus, os caras da base naval da baía de Guantánamo estão aqui." Bam! Eles estavam lá. Dominaram o lugar.

Talvez a baía de Guantánamo fosse o laboratório experimental piloto, e toda técnica exotérica que funcionasse lá seria exportada a Abu Ghraib. Eu perguntei a Joseph se ele sabia algo a respeito da música. Ele disse que obviamente sim, que eles faziam os detentos ouvirem música no último volume o tempo todo.

— E quanto a músicas mais calmas? — perguntei, e lhe contei a história de Jamal sobre o estéreo portátil, a banda cover feminina de Fleetwood Mac e Matchbox Twenty.

Joseph riu. Ele balançou a cabeça em assombro.

— Eles provavelmente estavam fodendo com a cabeça dele — disse.

— Você quer dizer que eles fizeram isso simplesmente *porque* parecia estranho? — perguntei. — O propósito era a incongruência?

— Sim — respondeu.

— Mas isso não faz sentido — eu disse. — Eu posso imaginar que talvez funcione com um muçulmano devoto de um país árabe, mas Jamal é britânico. Ele cresceu em Manchester. Conhece tudo sobre estéreos portáteis, Fleetwood Mac e música country e ocidental.

— Hum — disse Joseph.

— Você acha...? — eu disse.

Joseph terminou minha frase por mim.

— Mensagens subliminares? — sugeriu.

— Ou algo assim — falei. — Algo *sob* a música.

— Você sabe — disse Joseph —, num nível superficial isso seria ridículo. Mas Guantánamo e Abu Ghraib eram *tudo* menos superfície.

12. AS FREQUÊNCIAS

Eu pensei que uma forma de resolver esse mistério seria, talvez, seguir as patentes, segui-las como um farejador segue as pegadas na neve, e então, como num filme de terror, ver como as pegadas desaparecem. Havia, em algum lugar, qualquer evidência de documentação de patentes para tecnologias de sons subliminares, ou tecnologias de frequências, que simplesmente desapareciam no mundo confidencial do governo norte-americano?

Sim. Havia. E o inventor em questão era uma figura misteriosa e um pouco escorregadia, o Dr. Oliver Lowery.

Em 27 de outubro de 1992, o Dr. Oliver Lowery, da Geórgia, EUA, recebeu a patente americana número 5.159.703. Sua invenção era algo que ele chamou de "sistema silencioso de apresentação subliminar":

> Um sistema de comunicação silencioso no qual carregadores não aurais, na faixa de frequência de áudio muito baixa ou muito alta, ou no espectro de frequência ultrassônica adjacente, têm sua frequência ou amplitude modulada com a inteligência desejada e são propagadas acusticamente ou por meio de vibrações, para a indução

do cérebro, tipicamente por meio do uso de alto-falantes, fones de ouvido ou transdutores piezoelétricos. Os carregadores modulados podem ser transmitidos diretamente em tempo real ou ser convenientemente gravados e armazenados em meios mecânicos, magnéticos ou óticos para a transmissão posterior ou repetida ao ouvinte.

O material publicitário que acompanhava essa patente a apresentava em linguagem mais simples. Ele havia inventado uma forma pela qual sons subliminares poderiam ser colocados em CDs, onde, "silenciosamente, induzem e alteram o estado emocional num ser humano".

De acordo com o Dr. Lowery, os seguintes estados emocionais poderiam ser induzidos por sua invenção:

Emoções positivas:
ALEGRIA, AMIZADE, AMOR, AMOR-PRÓPRIO, CONTENTAMENTO, DEVOÇÃO, ESPERANÇA, FÉ, INOCÊNCIA, ORGULHO, RESPEITO E RESPONSABILIDADE.

Emoções negativas:
AFLIÇÃO, ANGÚSTIA, ANSIEDADE, ARREPENDIMENTO, CIÚME, CULPA, DESESPERO, DESPREZO, EMBARAÇO, FRUSTRAÇÃO, FÚRIA, HORROR, INDIFERENÇA, INDIGNAÇÃO, INVEJA, MEDO, ÓDIO, PIEDADE, RAIVA, RANCOR, REMORSO, RESSENTIMENTO, TEMOR, TRISTEZA, VAIDADE E VERGONHA.

12 emoções positivas; 26 negativas.

Quatro anos mais tarde, em 13 de dezembro de 1996, a empresa do Dr. Lowery, Silent Sounds Inc., postou a seguinte mensagem em seu web site: "Todos os planos foram [agora] tornados confidenciais pelo governo americano e não temos permissão para revelar os detalhes exatos... produzimos cassetes e CDs para o governo alemão, até mesmo para os países da ex-União Soviética! Tudo com a permissão do Departamento de Estado dos EUA, obviamente... O sistema foi usado durante toda a Operação Tempestade no Deserto (no Iraque) com sucesso."

Durante semanas, telefonei insistentemente para o número que havia encontrado como pertencente ao Dr. Oliver Lowery — tinha código de área da Geórgia, em algum lugar nos arredores de Atlanta — mas ninguém atendia.

Até que, um dia, alguém atendeu.

— Alô? — disse a voz.

— Dr. Lowery? — eu disse.

— Eu prefiro que não me chame assim — disse ele.

— Como posso chamá-lo? — perguntei.

— Pode me chamar de Bud — respondeu.

Eu quase podia escutá-lo sorrir do outro lado da linha.

— Pode me chamar de Hamish McLaren — então falou.

Eu contei a Hamish/Bud/Dr. Oliver Lowery o que eu estava fazendo, e ele, em troca, quem quer que fosse, contou-me algo sobre sua vida. Ele disse que tinha 77 anos, era um veterano da Segunda Guerra Mundial e havia enfrentado muitas cirurgias, pontes de safena etc. Então disse:

— Você é o primeiro jornalista a nos encontrar em quatro anos.

— Encontrar "vocês"? — falei.

— Você acha que está falando com a *Geórgia*? — ele disse. Havia em sua voz um tom levemente burlesco.

— Como? — falei.

Ele riu.

— Eu telefonei para o código de área da Geórgia — eu disse.

Parecia haver vozes ao fundo, muito alvoroço, como se Oliver/Bud/Hamish estivesse falando de um escritório lotado.

—Você nunca conseguirá publicar o que vou lhe contar — disse ele —, porque não existe nenhuma maneira de você provar que esta conversa sequer aconteceu.

— Então eu não estou falando com a Geórgia? — perguntei.

— Você está falando com alguém num laboratório onde há vários PhDs de 16 países, incluindo britânicos, e o laboratório fica num edifício de 14 andares atrás de três fileiras de cercas de arame farpado que, com toda a certeza, não fica na Geórgia — falou.

Houve um longo silêncio.

— Então vocês estão usando um redirecionador de chamadas? — perguntei, debilmente.

Eu não fazia ideia de se isso era verdade. Talvez ele fosse um fantasista, ou talvez estivesse zombando de mim por pura diversão, mas, como eu disse, parecia haver muitas vozes ao fundo. (Talvez ele simplesmente estivesse colocando aquelas vozes em minha cabeça.)

O homem disse que o exército dos EUA pesquisa tecnologias de som silencioso há 25 anos. Ele comparava essa pesquisa "maciça" ao Projeto Manhattan.

Ele disse que havia sons silenciosos bons — "bebês expostos aos sons bons no útero se tornam notavelmente brilhantes" — e sons silenciosos maus.

— Só usamos os sons maus nos caras malvados — disse ele.

Ele contou que os americanos usaram sons subliminares maus em soldados iraquianos durante a primeira guerra do Golfo ("Nós pervertemos seus cérebros por 100 dias"), mas, durante os anos posteriores, enfrentaram "sérios problemas ao eliminar os medos que haviam sido implantados de modo subliminar em suas cabeças".

— Eliminar coisas negativas é um inferno — ele deu um risinho.

Ele disse que as notícias da ITN certa vez veicularam uma história sobre o uso de sons silenciosos durante a primeira guerra do Golfo.

(A ITN mais tarde me afirmou, categoricamente, que eles jamais veicularam tal história. Eu não consegui encontrar nada sobre isso em seus arquivos.)

Ele falou:

— Você pode transmitir sons silenciosos à mente das pessoas por meio de uma janela, da mesma forma que pode lançar um raio laser por uma janela para escutar uma conversa. Inversamente, os sons podem ser transmitidos através dos meios mais terríveis — um telefone via satélite, uma merda de gravador de cassetes velho ou um estéreo portátil.

Ele disse que a Scotland Yard usa a tecnologia, mas ele não me contaria como. Disse que os russos também a usam. E foi isso. Ele abreviou a conversa. Desejou-me tudo de bom, desligou o telefone e fui deixado vacilante e completamente em dúvida em relação a tudo o que ele havia dito.

Esse homem parecia ter comprovado uma das teorias da conspiração mais duradouras e menos plausíveis do mundo. Para mim, a ideia de que o governo sorrateiramente limpava mentes com sons subliminares e alterava humores remotamente equivalia à ideia de que eles estavam ocultando óvnis em hangares militares e transformando-se em lagartos de três metros e meio de comprimento. Essa teoria da conspiração persiste porque contém todos os ingredientes cruciais — a mão oculta do grande governo trabalhando em conjunto com cientistas maquiavélicos para dominar nossa mente como ladrões de corpos.

A questão é que, nesse contexto, a experiência de Jamal dentro do Brown Block na baía de Guantánamo — estéreo-portátil-com-banda-cover-feminina-de-Fleetwood-Mac — subitamente fazia sentido.

Jamal parecia bem quando o encontrei em Manchester. Eu lhe perguntei se ele se sentia estranho depois de ouvir Matchbox Twenty e ele disse que não. Mas não se podia compreender muita coisa com base nisso. Havia uma grande chance, dada a história das cabras e das tentativas de atravessar paredes e tudo isso, de que eles tenham submetido Jamal a sons silenciosos e simplesmente não tenha funcionado.

*

Houve uma coisa que eu pude averiguar. O Dr. Oliver Lowery (ou quem quer que fosse ele) havia mencionado um Dr. Igor Smirnov. Ele disse que Igor Smirnov assumira trabalhos similares para o governo americano na área de sons silenciosos. Eu procurei pelo Dr. Smirnov. Encontrei-o em Moscou. Entrei em contato com seu escritório, e seu assistente (Dr. Smirnov fala pouco inglês) me contou a seguinte história curiosa.

É uma história que o FBI nunca negou.

Igor Smirnov não estava prosperando na Moscou pós-Guerra Fria de 1993. Sua situação financeira era tão ruim que, quando a máfia russa certa noite apareceu em seu laboratório, apertou a campainha — onde se lia, de modo um pouco sinistro, "Instituto para Correção Psicológica" — e disse a Igor que ele receberia um pagamento generoso se pudesse influenciar, por meios subliminares, alguns executivos não dispostos a assinar certos contratos, ele quase aceitou a oferta. Mas, no final, a proposta pareceu tão assustadora e antiética que ele recusou. Seus clientes usuais — esquizofrênicos e viciados em drogas — podiam pagar pouco, mas pelo menos não eram a máfia.

O dia a dia de trabalho de Igor no início dos anos 1990 era mais ou menos assim: um viciado em heroína aparecia em seu laboratório muito transtornado porque ia ser pai, porém, por mais que tentasse, se importava mais com a heroína do que com o filho que estava para nascer. Então ele se deitava numa cama, e Igor o submetia a mensagens subliminares. Ele as fazia piscar em uma tela diante dos olhos do viciado, que as escutava em fones de ouvido, disfarçadas com ruído branco. As mensagens diziam: "Seja um bom pai. A paternidade é mais importante que a heroína." E coisas do tipo.

Em outra época, esse homem fora celebrado pelo governo soviético, que — dez anos antes — o instruíra a tocar suas mensagens silenciosas para os soldados do Exército Vermelho a caminho do Afeganistão. As mensagens diziam: "Não fique bêbado antes da batalha."

Mas os dias de glória se foram há muito tempo em março de 1993 — o mês em que Igor Smirnov recebeu, do nada, um telefonema do FBI. Ele poderia tomar um avião imediatamente até Arlington, na Virginia? Igor Smirnov estava intrigado, e bastante impressionado, e tomou o avião.

A inteligência norte-americana vinha espionando Igor Smirnov há anos. Ao que parece, ele fora capaz de criar um sistema para influenciar pessoas de longe — colocando vozes em sua cabeça, alterando remotamente sua visão de mundo — talvez sem que o sujeito sequer soubesse que isso lhe estava sendo feito. Essa era uma versão tangível, real e mecanicista dos grupos de prece do general Wickham, ou das experiências com cabras de Guy Savelli, o tipo de sistema que o compositor de música ambiente Steven Halpern sugerira a Jim Channon no final dos anos 1970. A questão era: Igor conseguiria fazer isso a David Koresh?

Ele conseguiria colocar a voz de Deus na cabeça de David Koresh?

Os davidianos, uma ramificação dos adventistas do sétimo dia, viviam na região de Waco, prevendo um iminente dia do juízo final, desde 1935. Quando Vermon Howell assumiu a liderança da igreja no final dos anos 1980, declarou a si mesmo uma figura cristã — o ungido, o sétimo e último mensageiro conforme esboçado no livro da Revelação —, mudou seu nome para David Koresh e começou a vender armas ilegalmente a fim de levantar fundos para o estilo de vida separatista de sua congregação, o Departamento de Álcool, Tabaco e Armas de Fogo [BATF, na sigla em inglês] dos Estados Unidos começou a se interessar. Eles imaginaram que um bombardeio notável na igreja seria bom para o moral e as relações públicas da agência. Então, alertaram a mídia local, dizendo-lhes que os davidianos eram teologicamente incompreensíveis, loucos e armados até os dentes (eles eram, mas basicamente da mesma maneira que as lojas de armas são armadas até os dentes) e que eles agiriam.

O que o BATF não foi capaz de prever é que Koresh vinha esperando por um confronto como esse e se entusiasmou com a ideia. Era seu destino ser atacado por um exército inimigo representando um governo babilônico fora de controle, sinistro, cruel e pertencente à nova ordem mundial.

Em 28 de fevereiro de 1993, cerca de 100 agentes do BATF atacaram a igreja, mas o bombardeio se transformou numa batalha armada — durante a qual quatro agentes foram mortos —, e a batalha armada se transformou num cerco.

Em retrospectiva, há algo extremamente familiar em relação a tudo isso. Em Waco, assim como em Abu Ghraib, o governo dos EUA se comportou como uma caricatura grotesca de si mesmo. A ala direita americana antiautoritária abrigara fantasias paranoicas sobre a administração de Clinton, destruindo cruelmente as vidas de pessoas simples que queriam viver livres, e Waco foi o lugar onde aquelas teorias conspiratórias se tornaram realidade. Grande parte da população iraquiana havia sido alimentada, de modo similar, com tais teorias conspiratórias malucas sobre o hedonismo imperialista americano — de que os Estados Unidos estavam violentamente fora de controle e determinados a forçar sua corrupção e decadência sobre os devotos —, e Abu Ghraib foi o lugar onde aquelas teorias conspiratórias se tornaram realidade.

Mas há um paralelo ainda mais desconcertante. Os davidianos de David Koresh também parecem ter sido considerados cobaias de uma oportunidade de ouro há muito esperada, uma oportunidade de experimentar certas coisas.

Em 1993, o problema para os defensores do pensamento excepcional no governo dos EUA e nas instituições militares era de que não havia ninguém propriamente mau em quem testar suas ideias. A perspectiva era tão esperançosa, de fato, que Francis Fukuyama, um cientista social do Departamento de Estado dos EUA, declarara em 1989, para a grande aclamação internacional, que era o fim da história. Conforme escreveu Fukuyama, o capitalismo democrático ocidental havia provado ser tão superior a todos os seus rivais históricos que estava encontrando aceitação em todo o mundo. Não havia simplesmente nada condenável no horizonte. Embora, no fim das contas, essa tenha se revelado praticamente a pior previsão de todos os tempos, em 1993 parecia demasiado real. Aqueles eram anos infrutíferos para os que desejavam experimentar novas ideias em adversários.

E então aconteceu o cerco de Waco.

Primeiro foram os ruídos. Na metade do cerco — em meados de março de 1993 — os sons de cantos budistas tibetanos, assobios de gaitas, pios de gaivotas, hélices de helicópteros, brocas de dentistas, sirenes, coelhos morrendo, um trem e "These boots are made for walking" de Nancy Sinatra começaram a ser ouvidos na igreja. Dessa vez, o FBI era o responsável pelos sons. Havia 79 membros da congregação de David Koresh lá, incluindo 25 crianças (27, se considerarmos as ainda não nascidas). Alguns dos paroquianos colocaram bolas de algodão nos ouvidos, um luxo mais tarde indisponível a Jamal em Guantánamo e aos prisioneiros dentro dos contêineres em al-Qaim. Outros, ao que parece, tentaram desfrutar da experiência, fingindo ironicamente que estavam em uma discoteca. Não era fácil, como um deles, Clive Doyle, me contou quando lhe telefonei.

Clive Doyle é um dos pouquíssimos sobreviventes do bombardeio que colocou fim ao cerco.

— Eles quase nunca tocavam uma música sem alterá-la — disse ele. — Eles a distorciam, tornando-a mais lenta ou mais rápida. E os monges tibetanos eram muito sinistros. — Então, do nada, ele falou: — Você acha que eles nos submeteram a sons subliminares?

— Não sei — eu disse. — Você acha?

— Não sei — disse ele. — Nós imaginamos que eles estavam experimentando isso numa porção de áreas diferentes. Eles tinham robôs que um dia vieram até a entrada, com uma grande antena saindo do topo. O que era aquilo?

— Eu não sei.

— Às vezes — disse Clive Doyle — eu acho que os homens do FBI não passavam de idiotas, e que aquilo era simplesmente um caos.

Realmente parecia um pouco caótico. A maior parte dos ruídos emitidos para os davidianos, conforme descobri, vinha da esposa de um agente a cargo da operação. Ela trabalhava num museu local. Simplesmente reuniu os ruídos e os entregou ao marido. Os barulhos de coelhos morrendo eram uma exceção. Eles vinham de um agente do FBI que usava o cassete, em circunstâncias normais, para encontrar coiotes durante suas caçadas regulares. Além disso, o FBI continuou tocando os cantos budistas, mesmo depois que o Dalai Lama escreveu uma carta de reclamação porque o agente a cargo do sistema de alto-falantes "não tinha outra coisa a fazer naquela noite".

Meu palpite é que, assim como em Abu Ghraib, havia um "caldeirão de inteligência" presente, cada um com sua própria ideia de como dirigir o cerco. Algumas das ideias foram inspiradas por Jim Channon, ou inspiradas por pessoas que foram inspiradas por ele. Outras eram mais aleatórias. Os negociadores do FBI gravaram suas conversas telefônicas com David Koresh e seus representantes. Trechos dessas gravações ilustram duas coisas: as pessoas dentro da igreja compartilhavam, de modo um pouco alarmante, uma única mentalidade — a de David Koresh; as pessoas de fora da igreja, de modo ainda mais alarmante, não compartilhavam absolutamente nenhuma mentalidade coesa.

STEVE SCHNEIDER (davidiano): Quem está controlando esses caras? Existem caras lá nesse momento abaixando as calças, homens que são maduros, levantando a bunda para o alto e mostrando o dedo.

NEGOCIADOR DO FBI: Hum. Espere um momento. Os caras que tendem a dirigir tanques, pular de aviões, têm uma mentalidade um pouco diferente da minha e da sua, concorda?

STEVE SCHNEIDER: Eu concordo com você. Mas alguém tem de estar acima desses caras.

NEGOCIADOR DO FBI: Com certeza.

JIM CAVANAUGH (Negociador do FBI): Creio que precisamos esclarecer as coisas. Não havia armas naqueles helicópteros.

DAVID KORESH: É mentira. É mentira. Agora, Jim, você é um maldito mentiroso. Digamos a verdade.

JIM CAVANAUGH: David, eu...

DAVID KORESH: Não, você vai me escutar. Você está aí sentado me dizendo que não havia armas naquele helicóptero?

JIM CAVANAUGH: Eu disse que eles não atiraram.

DAVID KORESH: Você é um maldito mentiroso.

JIM CAVANAUGH: Bem, você está errado, David.

DAVID KORESH: Você é um mentiroso.

JIM CAVANAUGH: OK. Bem, apenas acalme-se...

DAVID KORESH: Não! Eu vou lhe dizer uma coisa. Isso pode ser o que você quer que a mídia acredite, mas há outras pessoas que também viram. Agora me diga, Jim, você honestamente irá dizer que aqueles helicópteros não atiraram em nenhum de nós?

JIM CAVANAUGH (depois de um longo silêncio): David?

DAVID KORESH: Estou aqui.

JIM CAVANAUGH: Hum, sim, hum, o que estou dizendo é que aqueles helicópteros não tinham armas *montadas*. OK? Não estou discutindo o fato de que eles talvez tenham atirado dos helicópteros. Você entende o que estou dizendo?

DAVID KORESH: Hum, não.

GAROTINHA NÃO IDENTIFICADA: Eles estão vindo me matar?

NEGOCIADOR NÃO IDENTIFICADO: Não. Ninguém está vindo. Ninguém está vindo.

E isso, de uma conferência de imprensa que ocorreu durante o cerco:

JORNALISTA: Sr. Ricks, considera-se fazer uso de guerra psicológica? Os senhores discutiram isso?

BOB RICKS (porta-voz do FBI): Eu não sei o que é uma guerra psicológica.

JORNALISTA: Os jornais disseram que os senhores tocariam música no último volume, colocariam luzes brilhantes nos recintos a noite toda, para tentar agitar o grupo inteiro. Isso é possível?

BOB RICKS: Não iremos discutir táticas desse tipo, mas eu diria que as chances de que esse tipo de atividade seja realizado são mínimas.

Eu encontrei Bob Ricks. Ele tem sido um dos críticos mais diretos do cerco de Waco no FBI, e evitou praticamente sozinho que um bombardeio similar ocorresse num grupo de supremacistas brancos em Northern Oklahoma, num lugar chamado Elohim City. Eu não acho que Bob Ricks estivesse mentindo durante a conferência de imprensa. Acredito que a ala esquerda do FBI não sabia o que a ala direita estava prestes a fazer.

Em Waco, assim como em Abu Ghraib, os que pensavam como Jim Channon pareciam ter tido de esperar pacientemente, aguardar pelos que mostravam o dedo e pelos franco-atiradores nos helicópteros para ter sua chance.

Meu palpite é de que o bombardeio musical foi inspirado por um evento similar que ocorrera quatro anos antes na cidade do Panamá. A batalha entre o general Stubblebine e o general Manuel Noriega fora há muito travada como se eles fossem dois mágicos no topo de montanhas lançando raios um no outro. O general Stubblebine usara seus espiões paranormais contra Noriega, que reagira inserindo pequenos pedaços de papel nos sapatos, e assim por diante.

No final, Noriega apareceu na embaixada do Vaticano na cidade do Panamá, e as PsyOps entraram em cena com alto-falantes acoplados a seus caminhões, os quais foram usados para submeter o edifício repetidas vezes ao som de "Welcome to the jungle", dos Guns n' Roses. Se esse evento foi inspirado (direta ou indiretamente) pelo manual de Jim Channon, é oportuno que Noriega — que dera ao general Stubblebine tanta dor de cabeça que ele não era capaz de se concentrar para atravessar a parede de seu escritório — tenha sido finalmente derrubado por outra ideia do Primeiro Batalhão da Terra.

Eu telefonei para várias testemunhas do cerco de Waco — jornalistas e agentes da inteligência — e lhes perguntei se eles sabiam de alguma coisa estranha além da música e do robô com a antena. Três deles me contaram a mesma história. Não posso prová-la, então continua sendo um boato — que soa plausível mas, ao mesmo tempo, totalmente implausível.

O boato envolve um homem que chamarei de Sr. B. Ele se alistou no exército dos EUA em 1972, e de 1973 a 1989 esteve na unidade das Forças Especiais em Fort Bragg, onde participou dos vários programas de supersoldados inspirados pelo general Stubblebine. Consequentemente, ele se tornou — nas palavras de um homem com quem conversei — "não só o cara mais furtivo das forças armadas, como de todo o governo".

O Sr. B podia entrar em qualquer lugar sem ser visto ou ouvido. Para todas as intenções e propósitos, ele havia alcançado de modo absoluto e extraordinário o nível três do código de guerreiro Jedi de Glenn Wheaton: a invisibilidade. Mas o Sr. B usava seus poderes para o mal. Em 1989, ele foi julgado por entrar nos apartamentos de mulheres e estuprá-las. Foi condenado à prisão perpétua.

Um soldado cujo nome não posso revelar jura que, em 18 de abril de 1993, ele viu o Sr. B entrar furtivamente na igreja de David Koresh. Talvez seus quatro anos na prisão tivessem diminuído seus poderes, pois o soldado o reconheceu em seguida. Ele não disse nada na época, porque sabia que havia testemunhado um espião secreto. Uma agência da inteligência deve ter tirado o Sr. B da prisão.

O boato termina mais ou menos assim: o Sr. B entrou na igreja de Koresh, verificou que os dispositivos de grampo estavam funcionando corretamente, consertou aqueles que não estavam, saiu de mansinho, foi transportado de volta à sua cela na prisão em Colorado e encontrou Deus.

Ele se recusou a me conceder uma entrevista porque disse que já não queria recordar o passado.

Ele continua até hoje numa prisão de segurança máxima.

Essa história continua sendo um boato, mas o envolvimento do Dr. Igor Smirnov no cerco de Waco pode, com certeza, ser considerado verdadeiro.

O FBI trouxe o Dr. Smirnov de Moscou a Arlington, na Virginia, onde ele se encontrou numa sala de conferências com representantes do FBI, da CIA, da Agência de Inteligência de Defesa e da Agência de Investigação de Projetos Avançados de Defesa.

A ideia, conforme explicaram os agentes, era usar as linhas telefônicas. Os negociadores do FBI iriam barganhar com David Koresh como de costume mas, por trás da conversa, a voz silenciosa de Deus diria a Koresh o que quer que o FBI quisesse que Deus lhe dissesse.

O Dr. Smirnov disse que isso era possível.

Mas, pouco a pouco, a burocracia tomou conta das negociações. Um agente do FBI disse temer que o empreendimento talvez levasse os davidianos a cometerem suicídio em massa. O Dr. Smirnov assinaria um termo assumindo a responsabilidade no caso de eles se matarem em consequência da implantação subliminar da voz de Deus em sua mente?

O Dr. Smirnov disse que não assinaria algo desse tipo.

E, com isso, a reunião terminou.

Um agente disse ao Dr. Smirnov que era uma pena não ter dado certo. Ele disse que eles já haviam cooptado alguém para ser a voz de Deus.

AS FREQUÊNCIAS

O agente disse que, se a tecnologia do Dr. Smirnov tivesse sido colocada em prática em Waco, a voz de Deus teria sido Charlton Heston.

Eu estava passando pela Geórgia, e pensando muito em minha conversa com o Dr. Oliver Lowery, e então decidi dirigir até o endereço que eu tinha. Ficava em algum lugar nos subúrbios de Atlanta. Eu me perguntava se encontraria uma casa normal ou algo como um edifício de 14 andares atrás de três fileiras de cercas de arame farpado. Um vento soprava tão forte que pensei que faria meu carro capotar.

Era uma casa de madeira normal e ligeiramente dilapidada, numa rua arborizada de classe média, e as folhas redemoinhavam com tanta força que eu tive de acionar os para-brisas.

Estacionei o carro e caminhei até a entrada da casa, protegendo-me contra o vento. Eu estava muito nervoso. Bati na porta. Tudo aconteceu tão rápido que não consigo nem descrever a pessoa que abriu a porta. Eu tenho a impressão de que foi um homem de feições bem marcadas em seus 70 anos, seus cabelos brancos voando com o vento.

Eu disse:

— Sinto muito por aparecer assim em sua casa. Se o senhor se lembra, nós...

Ele disse:

— Espero que o vento não o atrapalhe em sua caminhada de volta ao carro.

E então fechou a porta na minha cara.

Eu andei em direção ao carro. E então ouvi sua voz novamente. Eu me virei. Ele estava gritando algo através de uma rachadura na porta:

— Espero que o vento não o leve.

Eu sorri nervosamente.

— É melhor você tomar cuidado — gritou.

13. ALGUMAS ILUSTRAÇÕES

No fim de junho de 2004, enviei um e-mail a Jim Channon e a todas as outras pessoas que conheci durante minha jornada de dois anos e meio que pudessem ter algum conhecimento interno a respeito do uso que se faz atualmente das técnicas psicológicas de interrogatório sugeridas pela primeira vez no manual de Jim. Eu escrevi:

Caro ---
   Espero que esteja bem.
   Eu estive conversando com um dos detentos britânicos (inocente — ele foi libertado) da baía de Guantánamo, e ele me contou uma história muito estranha. Ele disse que, em determinado momento durante os interrogatórios, os oficiais da Inteligência Militar o deixaram numa sala — por horas e horas — com um estéreo portátil. Eles tocaram uma série de CDs — Fleetwood Mac, Kris Kristofferson etc. —, mas não no último volume; simplesmente num volume normal. E, uma vez que esse homem é ocidental, tenho certeza de que eles não estavam tentando enlouquecê-lo com música ocidental. O que me leva a pensar em...
   ... Frequências? Mensagens subliminares?

Qual é a sua opinião sobre isso? Você tem conhecimento de alguma ocasião em que frequências ou sons subliminares com certeza foram usados pelo exército dos EUA?

Atenciosamente,
Jon Ronson

Eu recebi quatro respostas imediatamente.

COMANDANTE SID HEAL (O especialista em armas não letais do Departamento do Xerife de Los Angeles, que me contou sobre o efeito Bucha): — Interessantíssimo, mas eu não faço ideia. Eu sei que mensagens subliminares podem ser incorporadas e que elas têm uma influência poderosa. Há leis proibindo-as nos EUA, mas não tenho conhecimento de nenhuma utilização como a que você descreve. No entanto, eu imagino que, de todo modo, seu uso seria confidencial, e ninguém sem "necessidade de sabê-lo" o saberia. Se fossem frequências, provavelmente teriam de estar na faixa audível, ou eles não teriam necessidade de disfarçá-las com outros sons.

SKIP ATWATER (O ex-recrutador de espiões paranormais do general Stubblebine): — Pode apostar que essa atividade tinha um propósito. Se você conseguir que alguém lhe fale sobre isso, seria interessante conhecer a "taxa de sucesso" dessa técnica.

JIM CHANNON: — Tenho a impressão de que a história que você conta é apenas a mais pura bondade (que ainda existe).

Eu não sabia se Jim estava sendo deliciosamente ingênuo, irritantemente ingênuo ou sofisticadamente evasivo. (O major Ed Dames, o misterioso dedo-duro da unidade paranormal ao programa de rádio de Art Bell e vizinho de Jim, certa vez o descrevera a mim de um modo inesperado. Ele disse: "Não se deixe levar pelo comportamento hippie de Jim. Ele não é nem um pouco desencanado. Ele é como o senhor da guerra local. Ele *controla* aquela parte do Havaí. Jim é um homem muito perspicaz.")

E então o coronel John Alexander respondeu a meu e-mail. Ele continua sendo o pioneiro em tecnologias não letais no exército dos EUA, um papel que criou para si próprio, em parte, depois de ler o manual de Jim.

CORONEL ALEXANDER: — Você afirma que ele era inocente. Se é assim, como foi capturado no Afeganistão? Eu não creio que houvesse muitos turistas britânicos por lá quando nossos homens chegaram. Ou talvez ele fosse um antropólogo cultural estudando a ordem social progressista do Talibã como parte de sua tese de doutorado, e tenha sido detido por engano. Se você acredita na história desse homem, talvez também acredite em coelhinho da Páscoa. Quanto à música, eu não faço ideia do que se trata. Eu acho que os fãs de *hard rock* podem encará-la como uma punição cruel e não usual e querer reportá-la à Anistia Internacional como prova de tortura.

Piadas sobre o uso da música em interrogatórios já não pareciam tão engraçadas — não para mim, e duvido que para ele. O coronel Alexander passou a vida inteira num mundo de negação plausível, e penso que ele chegou ao estágio em que simplesmente repete essas coisas. Ele acabou de retornar do Afeganistão, onde passou quatro meses aconselhando o exército sobre algo que não revelaria a mim.

Eu respondi a seu e-mail:

> Há algo que o senhor possa me contar sobre o uso de sons subliminares e frequências no arsenal do exército? Se alguém hoje tem condições de responder a essa pergunta, o senhor certamente tem.

Sua resposta chegou instantes depois. Ele disse que minha afirmação de que o exército dos EUA até mesmo consideraria a possibilidade de usar sons subliminares ou frequências "simplesmente não faz sentido".

O que era estranho.

Busquei uma entrevista que havia feito com o coronel no verão anterior. Naquela época, eu não estava tão interessado em armas acústicas — estava tentando descobrir sobre a Espuma Aderente e as experiências com cabras —, mas agora me lembrei que havíamos tocado nesse assunto.

— O exército já submeteu alguém a sons subliminares? — eu havia lhe perguntado.

— Não faço ideia — respondeu.

— O que é um dispositivo de correção psicológica? — indaguei.

— Não faço ideia — ele disse. — Não tem fundamento na realidade.

— O que são sons silenciosos? — perguntei.

— Não faço ideia — ele disse. — Soa como um oximoro para mim.

Ele me dirigiu um olhar severo, que parecia sugerir que eu estava disfarçado de jornalista, mas era, de fato, um maluco conspirador perigoso e irracional.

— Qual é seu nome mesmo? — ele disse.

Senti meu rosto corar. Subitamente, o coronel Alexander me pareceu bastante assustador. Jim Channon tem uma página em seu manual dedicada à expressão facial que um monge guerreiro deve adotar ao encontrar um inimigo ou um estranho pela primeira vez. "Um sorriso assombroso, consistente e sutil", escreveu Jim. "Um olhar profundo e imperturbável indicando que a pessoa real está em casa e confortável com toda a situação. Um olhar calmo e tranquilo indicando uma disposição em ser franco." O coronel Alexander estava agora me dirigindo o que só consigo descrever como um olhar assombroso e imperturbável.

Eu lhe disse meu nome novamente.

Ele disse:

— Pó de fada.

— Como? — falei.

— Isso não é algo que foi trazido à tona ou abordado, e cobrimos toda a área das tecnologias não letais — falou. — Não estamos pervertendo os cérebros das pessoas ou monitorando-as ou blá-blá-blá. É simplesmente nonsense.

— Estou confuso — eu disse. — Eu não sei muito sobre esse assunto, mas tenho certeza de que vi seu nome relacionado a algo chamado "dispositivo de correção psicológica."

— Não faz sentido — ele disse. Ele parecia perplexo. Então disse que sim, que havia participado de reuniões onde esse tipo de coisa era discutido, que não existiam provas de que máquinas como essas funcionariam. — Como faríamos isso [submeter alguém a sons silenciosos] sem afetar a *nós mesmos*? Qualquer um que estivesse lá ouviria.

— Tampões de ouvido? — eu disse.

— Ah, por favor — falou.

— Claro — falei. — Você está certo.

E então a conversa passou ao assunto de matar cabras com o olhar — "num ambiente cientificamente controlado", nas palavras do coronel Alexander —, e foi quando ele me disse que o homem capaz de fazê-lo não era Michael Echanis, mas Guy Savelli.

Como submeteríamos alguém a sons silenciosos "sem afetar a *nós mesmos*"?

Na época, aquele me pareceu um argumento incontestável, que respondia a todas as teorias paranoicas circulando na internet sobre máquinas de controle da mente que colocavam vozes na cabeça das pessoas. É claro que não poderia funcionar. De fato, era um alívio acreditar no coronel Alexander porque isso fazia com que eu me sentisse sensato novamente, e não o maluco que ele estava sugerindo que eu era. Agora éramos, outra vez, duas pessoas sensatas — um coronel e um jornalista — discutindo coisas racionais de uma maneira inteligente.

A questão é que, como agora percebi, se os sons silenciosos *haviam sido* usados contra Jamal dentro de uma sala de interrogatório na baía de Guantánamo, havia uma pista no relato de Jamal, uma pista que sugeria que a Inteligência Militar resolvera, de maneira habilidosa, o problema desconcertante apontado pelo coronel Alexander.

— Ele colocou o CD para tocar — dissera Jamal — e saiu da sala.

Em seguida, encontrei o relatório militar que vazou recentemente, intitulado *Armas não letais: termos e referências*. Havia um total de 21 armas acústicas listadas, em vários estágios de desenvolvimento, incluindo o infrassom ("sons com frequências muito baixas que podem percorrer longas distâncias e penetrar facilmente na maioria dos edifícios e veículos... efeitos biofísicos: náuseas, incontinência, desorientação, vômito, possíveis danos aos órgãos internos ou morte podem ocorrer. Superior ao ultrassom...").

E então a penúltima entrada — o dispositivo de correção psicológica, que "envolve influenciar sujeitos visualmente ou por meio da aura, com mensagens subliminares incrustadas".

Eu consultei a primeira página. E lá estava. O coautor desse documento era o coronel John Alexander.

E assim nossos e-mails continuaram.

Eu pedi permissão ao coronel para incluir neste livro suas opiniões sobre a história de Guantánamo, e ele respondeu:

> Não sei bem o que você quer dizer com história de Guantánamo. Minha perspectiva sobre essa coisa toda é muito mais ampla. Em minha humilde opinião, a Décima

Guerra Mundial já está acontecendo, e é religiosa. Agora deparamos com um problema de como lidar com prisioneiros capturados numa guerra que nunca termina. Ninguém pediu isso antes. A resposta tradicional (durante milênios) tem sido matá-los ou submetê-los à escravidão. Algo difícil de se fazer no mundo atual.

Para mim, sua alternativa parecia óbvia, sabendo o que eu sabia sobre sua área de especialização. Se não era possível matar os adversários, ou mantê-los aprisionados para sempre, restava certamente apenas uma opção ao cânone do coronel Alexander: mudar sua mente.

O *Manual de operações do Primeiro Batalhão da Terra* encorajara o desenvolvimento de dispositivos que eram capazes de "dirigir energia às multidões". A história parece mostrar que sempre que há uma grande crise americana — a guerra contra o terror, o trauma do Vietnã e seu desdobramento, a Guerra Fria — sua inteligência militar é atraída pela ideia de controle de pensamento. Eles propõem experimentar todo tipo de esquema imprudente, e cada um deles parece engraçado até que seja efetivamente implementado.

Eu enviei um e-mail ao coronel Alexander para perguntar se ele estava realmente defendendo o uso de algum tipo de máquina de controle da mente, e ele respondeu, de modo um pouco arrependido, e um pouco cauteloso: "Se realmente vamos bagunçar a mente das pessoas, todas as conspirações de controle da mente vêm à tona."

O que ele queria dizer era MK-ULTRA.

ALGUMAS ILUSTRAÇÕES

O MK-ULTRA foi, de fato, praticamente o projeto mais nocivo à imagem dos serviços de inteligência dos EUA, certamente até que as fotografias de Abu Ghraib vieram à tona em 2004. Jim Channon pode muito bem ter inventado sozinho a ideia de desenvolver no exército americano um pensamento inovador (como certa vez me dissera um de seus admiradores), mas a CIA esteve lá antes dele.

Todos continuavam traumatizados com MK-ULTRA.

14. A CASA DE 1953

Há uma casa em Frederick, Maryland, que está praticamente intocada desde 1953. Parece uma exposição num museu da Guerra Fria deteriorado. A fórmica de cores vivas e os ornamentos *kitsch* da cozinha — símbolos cheios de vida do otimismo americano dos anos 1950 — não resistiram à passagem do tempo.

A casa de Eric Olson pedia uma nova decoração — e ele seria o primeiro a admitir isso.

Eric nasceu aqui, mas nunca gostou de Frederick e nunca gostou dessa casa. Ele saiu o mais rápido que pôde depois de concluir o ensino médio. Esteve em Ohio, Índia, Nova York, Massachusetts, de volta a Frederick, Estocolmo, Califórnia; mas, em 1993, pensou que partiria novamente em poucos meses, e então dez anos se passaram. Durante esse período, ele não redecorou a casa por três motivos:

1. Ele não tem dinheiro.

2. Ele está com a cabeça em outras coisas.

3. E, de fato, sua vida parou em 28 de novembro de 1953, e se seu ambiente deve refletir sua vida interior, a casa de Eric cumpre o papel. Um lembrete inevitável do momento em que sua vida congelou. Eric diz que, se ele alguma vez se esquece de por que está fazendo isso, basta olhar para a casa, e 1953 imediatamente lhe volta à memória.

Eric diz que 1953 foi provavelmente o ano mais significativo da história moderna. Ele diz que, de certo modo, estamos todos presos a 1953, porque os acontecimentos daquele ano têm um impacto contínuo e avassalador sobre nossas vidas. Ele discorreu sobre uma lista dos principais eventos ocorridos em 1953. O Everest foi conquistado. James Watson e Francis Crick publicaram, na revista *Nature*, sua famosa tese mapeando a estrutura de dupla hélice do DNA. Elvis visitou um estúdio de gravação pela primeira vez, e "Rock around the clock", de Bill Haley, deu ao mundo o *rock and roll*, e, consequentemente, o adolescente. O presidente Truman anunciou que os Estados Unidos haviam desenvolvido uma bomba de hidrogênio. Criou-se a vacina contra a poliomielite, e também a TV em cores. E Allen Dulles, o diretor da CIA, deu uma palestra a seu grupo de ex-alunos em Princeton na qual afirmou: "Guerra mental é o grande campo de batalha da Guerra Fria, e temos de fazer o que quer que seja necessário para vencê-la."

Na noite de 28 de novembro de 1953, Eric foi se deitar como de costume, uma criança feliz de nove anos. A casa da família havia sido construída três anos antes, e seu pai,

A CASA DE 1953

Frank, estava ainda lhe dando os retoques finais, mas agora se encontrava em Nova York a negócios. Alice, a mãe de Eric, dormia no fim do corredor. Seu irmãozinho Nils e sua irmã Lisa estavam no quarto ao lado.

E então, perto do amanhecer, Eric foi despertado.

— Era uma aurora muito escura de novembro — disse Eric.

Eric foi despertado por sua mãe e levado pelo corredor, ainda de pijama, até a sala de estar — a mesma sala em que nos sentamos agora, nos mesmos sofás.

Eric chegou à sala e encontrou o médico da família sentado lá.

— E — disse Eric — também, havia esses dois... — Eric buscou, por um momento, a palavra exata para descrever os outros. Ele disse: — Também havia esses dois... *homens*... lá.

A notícia que os homens traziam era de que seu pai estava morto.

— Do que vocês estão *falando*? — Eric perguntou, num tom zangado.

— Ele sofreu um acidente — disse um dos homens. — Ele caiu ou pulou de uma janela.

— Como? — disse Eric. — Ele fez *o quê*?

— Ele caiu ou pulou de uma janela em Nova York.

— E o que *parece* ser? — perguntou Eric.

Essa pergunta foi recebida com silêncio. Eric olhou para a mãe e viu que ela estava imóvel e tinha o olhar vazio.

— Como você cai de uma janela? — disse Eric. — O que isso significa? Por que ele faria isso? O que você quer dizer com "caiu ou pulou"?

— Não sabemos se ele caiu — disse um dos homens. — Pode ter caído. Pode ter pulado.

— Ele *se jogou*? — perguntou Eric.

— De todo modo — disse um dos homens —, foi um acidente.

— Ele estava no *parapeito* e pulou? — indagou Eric.

— Foi um acidente de trabalho — disse um dos homens.

— Como? — disse Eric. — Ele caiu de uma janela e isso é um acidente de *trabalho*? O quê?

Eric se voltou à mãe.

— Hum — ele disse. — Qual é o trabalho dele mesmo?

Eric acreditava que seu pai fosse um cientista civil, trabalhando com substâncias químicas na base militar de Fort Detrick, próxima dali.

Ele me disse:

— Esta se tornou, muito depressa, uma questão incrivelmente rancorosa na família, porque eu era sempre a criança dizendo: "Desculpe, *aonde* ele foi? Conte-me essa história outra vez." E minha mãe rapidamente adotou a postura: "Eu já lhe contei essa história *mil* vezes." E eu dizia: "Sim, mas eu não *entendo*."

A mãe de Eric — com base nos mesmos fatos escassos fornecidos a ele — havia construído a seguinte hipótese: Frank Olson estava em Nova York. Ele estava hospedado no décimo andar do Hotel Statler, hoje Hotel Pennsylvania, em frente a Madison Square Gardens, na região central de Manhattan. Ele teve um sonho ruim. Levantou-se confuso e dirigiu-se, no escuro, até o banheiro. Ficou desorientado e caiu da janela.

Eram 2 da madrugada.

Eric e seu irmãozinho Nils disseram aos amigos da escola que seu pai havia morrido de um "colapso nervoso fatal", embora não fizessem ideia do que isso significava.

Fort Detrick era o que unia a cidade. Os pais de todos os seus amigos trabalhavam na base. Os Olson continuavam sendo convidados a piqueniques da vizinhança e outros eventos da comunidade, mas já não parecia haver nenhuma razão para eles estarem lá.

Quando Eric tinha 16 anos, ele e Nils, então com 12, decidiram pedalar até São Francisco. Mesmo sendo tão jovem, Eric viu a jornada de quase quatro mil quilômetros como uma metáfora. Ele queria adentrar um terreno desconhecido, a América misteriosa que, por alguma razão incompreensível, tirara-lhe o pai. Nils e ele iriam "alcançar a meta" — São Francisco — "por meio de uma sequência gradativa de movimentos contínuos ao longo de um fio condutor". Essa era, na cabeça de Eric, uma prova para outro objetivo que ele um dia alcançaria de modo igualmente fastidioso: a solução para o mistério do que aconteceu a seu pai no quarto de hotel em Nova York às 2 da madrugada.

Eu passei um bocado de tempo na casa de Eric, lendo documentos, vendo fotos e assistindo a vídeos caseiros. Havia fotos de Eric adolescente e seu irmão mais novo Nils ao lado de suas bicicletas. Eric colocou a legenda "Ciclistas felizes". Havia gravações em 8mm de duas décadas antes, do pai de Eric, Frank, brincando com as crianças no jardim. E havia também alguns filmes que o próprio Frank Olson gravara durante sua viagem à Europa, alguns meses antes de morrer. Lá estavam o Big Ben e a Troca da Guarda. Lá estava o Portão de Brandenburgo, em Berlim. Lá estava a Torre Eiffel. Parecia um feriado com a família, a não ser pelo fato de que a família não estava com ele. Às vezes, nesses filmes em 8mm, é possível vislumbrar os companheiros de viagem de Frank, três homens, vestindo longos casacos escuros e chapéus tiroleses, sentados em cafés nas calçadas parisienses, vendo as garotas passarem.

Eu assisti, e então assisti a um vídeo caseiro que um amigo de Eric filmara em 2 de junho de 1994, o dia em que o corpo de seu pai foi exumado.

Apareceu a escavadeira atravessando o solo.

Apareceu um jornalista local perguntando a Eric, enquanto o caixão era ruidosamente arrastado para dentro de um caminhão:

— Você está se arrependendo disso, Eric?

Ele teve de gritar mais alto que o barulho da escavadeira.

— Ha! — respondeu Eric.

— Eu continuava esperando que você mudasse de ideia — gritou o jornalista.

Depois, apareceu o próprio Frank Olson, seco e marrom sobre uma tábua num laboratório de patologista na Universidade de Georgetown, Washington; sua perna quebrada, um grande orifício no crânio.

E então, nesse vídeo caseiro, Eric estava de volta à casa, entusiasmado, falando com Nils no telefone:

— Eu vi o papai hoje!

Depois que Eric desligou o telefone, ele contou a seus amigos com a câmera de vídeo a história da viagem de bicicleta que ele e Nils fizeram, em 1961, de sua casa até São Francisco.

— Eu tinha visto um artigo na *Boys' Life* sobre um garoto de 14 anos que pedalou de Connecticut à costa oeste — disse Eric —, e aí calculei que meu irmão tinha 12 e eu tinha 16, e que a média era 14, então nós também podíamos. Arranjamos essas bicicletas duplas de duas velocidades, pesadas e horríveis, e começamos aqui mesmo. 40º Oeste. Soubemos que a bicicleta dele aguentou o caminho inteiro. E conseguimos! Percorremos o caminho inteiro!

— Não! — disse o amigo de Eric.

— Sim — disse Eric. — Cruzamos o país pedalando.

— Impossível!

— É uma história incrível — disse Eric. — E nunca ouvimos falar de que alguém mais novo que meu irmão tenha atravessado os EUA pedalando. Dificilmente existe alguém. Quando você pensa nisso, 12 anos, e sozinho. Levamos sete semanas, e vivemos aventuras inacreditáveis durante todo o percurso.

— Vocês acampavam?

— Acampávamos. Os fazendeiros nos convidavam para ficar em suas casas. Em Kansas City, a polícia nos pegou, imaginando que tivéssemos fugido de casa, e quando descobriram que não, deixaram que dormíssemos na cadeia.

— E sua mãe permitiu que fizessem isso?

— Sim, esse é um mistério inacreditável.

(Em 1994, a mãe de Eric já havia morrido. Ela viera bebendo em silêncio desde os anos 1960, e começara a se trancar no banheiro e sair de lá egoísta e confusa. Eric jamais teria exumado os restos do pai enquanto ela vivia. Sua irmã Lisa também falecera, junto com o marido e um filhinho de dois anos. Eles estavam a caminho dos Adirondacks, onde investiriam dinheiro numa madeireira. O avião caiu, e todos a bordo morreram.)

— Sim — disse Eric —, é um mistério inacreditável nossa mãe nos ter deixado ir, mas telefonávamos para casa duas vezes por semana de lugares diferentes, e o jornal local, o jornal de Frederick, duas vezes por semana trazia esses artigos de primeira página, do tipo *Olsons chegam a St. Louis!* Naquela época, por todo o país havia outdoors anunciando um lugar chamado Harold's Club, que era um grande cassino em Reno. Era o maior cassino do mundo. E seu lema era HAROLD'S CLUB OR BUST! [HAROLD'S CLUB OU BANCARROTA!] Tornou-se uma espécie de slogan para nossa jornada. Quando chegamos a Reno, percebemos que não poderíamos entrar no Harold's Club porque éramos muito jovens. Então, decidimos fazer um cartaz que dizia HAROLD'S CLUB OR BUST! e atá-lo na traseira de nossas bicicletas, ir até o Harold's Club e dizer ao Harold, quem quer que fosse ele, que havíamos carregado isso por todo o país e estávamos simplesmente loucos para conhecer o Harold's Club. E então fomos a uma farmácia. Arranjamos uma caixa velha de papelão e compramos alguns gizes de cera, e começamos a escrever o cartaz. A mulher que nos vendeu os gizes de cera perguntou:

A CASA DE 1953

— O que vocês estão fazendo?

Dissemos:

— Vamos fazer um cartaz, HAROLD'S CLUB OR BUST!, e dizer a Harold que pedalamos de...

Ela disse:

— Essas pessoas são muito espertas. Elas não vão cair nessa.

— Fizemos o cartaz e o levamos à rua, o rabiscamos e o atamos na traseira das bicicletas; fomos até o Harold's Club, chegamos a essa grande pista de acesso — o Harold's Club era essa coisa gigante, literalmente o maior cassino do mundo — e havia uma pessoa na porta.

Ele perguntou: — O que vocês querem?

Respondemos: — Queremos conhecer Harold.

Ele disse: — Harold não está aqui.

E nós: — Bem, e quem *está* aqui?

Ele informou: — O Harold pai não está aqui, mas o Harold filho está aqui.

Dissemos: — Está bem, queremos ver o Harold filho.

Ele disse: — OK, um minuto.

Logo aparece esse tipo num traje extravagante de caubói. Cara bonito. Ele sai, olha para nossas bicicletas e diz: — O que vocês estão fazendo?

Respondemos: — Harold, atravessamos os EUA pedalando, e durante o tempo todo queríamos ver o Harold's Club. Nós transpiramos por todo o deserto.

E ele: — Bem, *entrem!*

Acabamos ficando uma semana no Harold's Club. Ele nos levou para passear de helicóptero pelo Reno e nos colocou num hotel luxuoso. E, quando estávamos partindo, ele disse:

— Acho que vocês querem conhecer a Disneylândia, certo? Bem, deixem-me ligar para meu amigo Walt!

Ele telefonou para Walt Disney e — esta é uma das grandes decepções da minha vida — Walt não estava em casa.

Eu me perguntei por que, no dia em que o corpo de seu pai foi exumado, Eric passou a noite contando a seus amigos a história do Harold's Club ou Bancarrota. Talvez seja porque Eric passou grande parte de sua vida adulta sem que lhe fosse oferecida a bondade de estranhos, sem se beneficiar de qualquer coisa que se aproximasse de um sonho americano, mas agora Frank Olson estava lá, deitado sobre uma tábua no laboratório de um patologista, e talvez as coisas estivessem prestes a se transformar para Eric.

Talvez algum Harold filho misterioso viria e gentilmente explicaria tudo.

Em 1970, Eric se matriculou em Harvard. Ele ia para a casa todo fim de semana de Ação de Graças, e, uma vez que Frank Olson voou pela janela durante o feriado de Ação de Graças de 1953, a família sempre terminava assistindo a velhos vídeos caseiros de Frank, e Eric inevitavelmente dizia à sua mãe: "Conte-me essa história outra vez."

Durante o fim de semana de Ação de Graças de 1974, a mãe de Eric respondeu: — Eu lhe contei essa história cem vezes, mil vezes.

Eric disse:

A CASA DE 1953

— Conte-me apenas mais uma vez.

E então a mãe de Eric suspirou e começou.

Frank Olson havia passado um fim de semana em um retiro profissional num chalé chamado Deep Creek Lodge, na zona rural de Maryland. Quando voltou para casa, estava estranhamente ansioso.

Ele disse à esposa:

— Eu cometi um erro terrível e lhe contarei o que foi quando as crianças estiverem dormindo.

Mas a conversa nunca abordou o tal erro terrível.

Frank permaneceu agitado durante todo o fim de semana. Ele disse a Alice que queria deixar o emprego e se tornar dentista. No domingo à noite, Alice tentou acalmá-lo levando-o ao cinema em Frederick, para ver o que quer que estivesse em cartaz, e aconteceu de ser um novo filme chamado *Martin Luther*.

Era a história da crise de consciência de Luther sobre a corrupção da Igreja Católica no século XVI, quando os teólogos afirmaram ser impossível que a igreja fizesse algo errado, uma vez que eram eles que definiam o código moral. Afinal de contas, eles estavam lutando contra o Mal. O filme atinge seu clímax quando Luther declara: "Não. Aqui eu fico. Não posso fazer outra coisa." A moral de *Martin Luther* é que o indivíduo não pode se esconder atrás da instituição.

(*TV Guide*, o banco de dados de resenhas de filmes, dá a *Martin Luther* duas de cinco estrelas e diz: "Não é 'entretenimento' no sentido usual da palavra. Seria desejável algum humor no roteiro, para fazer com que o homem

249

pareça mais humano. O filme foi feito com tal respeito que o assunto parece sombrio, quando deveria ser edificante.")

A ida ao cinema não melhorou o estado de ânimo de Frank, e no dia seguinte alguns colegas lhe sugeriram que ele fosse a Nova York consultar um psiquiatra. Alice o levou de carro até Washington DC e o deixou nos escritórios dos homens que o acompanhariam a Nova York.

Essa foi a última vez que ela viu o marido.

No calor do momento, durante aquele fim de semana de Ação de Graças de 1974, Eric perguntou à mãe algo que nunca havia pensado em perguntar:

— Descreva os escritórios em que você o deixou.

E ela descreveu.

— Meu Deus — disse Eric —, isso me faz lembrar o quartel-general da CIA.

E então sua mãe ficou histérica.

Ela gritou:

— Você *nunca* vai descobrir o que aconteceu naquele quarto de hotel!

Eric disse:

— Assim que eu me formar em Harvard, volto para a casa e não vou descansar até descobrir a verdade.

Eric não precisou esperar muito por um grande avanço. Ele recebeu um telefonema de um amigo da família na manhã de 11 de junho de 1975:

— Você viu o *Washington Post?* Acho que é melhor você dar uma olhada.

Era uma história de primeira página, e a manchete dizia:

SUICÍDIO REVELADO

Um empregado civil do Departamento do Exército, sem ter sido informado, tomou LSD como parte de um experimento da CIA, e então pulou do 10º andar menos de uma semana depois, de acordo com o relatório da Comissão Rockefeller divulgado hoje.

(A Comissão Rockefeller havia sido criada para investigar os atos ilegais da CIA depois do escândalo Watergate.)

O homem recebeu a droga enquanto participava de um encontro com funcionários da CIA que trabalhavam em um projeto experimental envolvendo a administração de drogas alteradoras da consciência a americanos desprevenidos.

"Esse indivíduo não tinha conhecimento de que havia tomado LSD até cerca de 20 minutos depois de que a droga lhe foi administrada", afirmou a comissão. "Ele desenvolveu graves efeitos colaterais e foi enviado a Nova York com uma escolta da CIA para tratamento psiquiátrico. Vários dias depois, ele pulou da janela de seu quarto no 10º andar e morreu em consequência da queda."

Segundo a comissão, a prática de fornecer drogas a pessoas desavisadas durou de 1953 a 1963, quando foi descoberta pelo inspetor geral da CIA e interrompida.

Esse é meu pai?, pensou Eric.

A manchete era enganosa. Não muito foi "revelado" — nem mesmo o nome da vítima.

Foi isso *o que aconteceu no Deep Creek Lodge?*, pensou. *Eles lhe enfiaram LSD? Não, mas tem de ser meu pai.*

Quantos cientistas do exército pularam de uma janela de hotel em Nova York em 1953?

Em geral, o público americano reagiu à história de Frank da mesma forma que reagiu, 50 anos mais tarde, às notícias de que Barney estava sendo usado para torturar detentos iraquianos. Horror seria a palavra errada. As pessoas estavam basicamente entretidas e fascinadas. Creio que, assim como no caso de Barney, essa reação foi provocada pela combinação desconcertantemente surreal dos segredos obscuros da inteligência e da cultura popular familiar.

— Para a América, era escabroso — disse Eric — e emocionante.

Os Olson foram convidados à Casa Branca para que o presidente Ford pudesse lhes pedir desculpas pessoalmente — "Ele sentia muito, *muito mesmo*", disse Eric — e as fotografias daquele dia mostram a família radiante e extasiada dentro do Salão Oval.

— Quando você olha para aquelas fotografias hoje — certa vez perguntei a Eric — o que elas lhe dizem?

— Elas dizem que o poder de sedução daquele Salão Oval é enorme — respondeu Eric —, como agora sabemos por meio de Clinton. Você entra naquele lugar sagrado e está realmente num círculo encantado e especial, e é incapaz de pensar com clareza. Funciona. Realmente funciona.

Fora da Casa Branca, depois de seu encontro de 17 minutos com o presidente Ford, Alice Olson deu uma declaração à imprensa.

— Acho importante notar — disse ela — que uma família americana pode receber uma comunicação do presidente dos Estados Unidos. Acho que esse é um grande tributo ao nosso país.

— Ela se sentiu muito acolhida por Gerald Ford — disse Eric. — Eles riram juntos, e assim por diante.

O presidente prometeu aos Olson a divulgação total dos fatos, e a CIA forneceu à família, e à América, riqueza de detalhes, cada um deles mais inesperado que o anterior.

A CIA havia colocado LSD no *cointreau* de Frank Olson num retiro chamado Deep Creek Lodge. O projeto recebeu o codinome MK-ULTRA, e eles o fizeram, conforme explicaram, porque queriam observar como um cientista lidaria com os efeitos de uma droga alteradora da consciência. Ele seria incapaz de resistir a revelar segredos? As informações seriam coerentes? O LSD poderia ser usado como um soro da verdade pelos interrogadores da CIA?

E havia outro motivo. A CIA posteriormente admitiu que eles gostavam muito de filmes de suspense paranoicos como *The Manchurian candidate* [*Sob o domínio do mal*], e queriam saber se conseguiriam criar assassinos na vida real, fazendo uma lavagem cerebral nas pessoas com LSD. Mas Frank Olson teve uma *bad trip*, talvez dando origem à lenda de que se você toma LSD acredita que pode voar e acaba caindo de uma janela.

Os historiadores sociais e satiristas políticos imediatamente rotularam esses acontecimentos de "uma grande ironia histórica", e quando Eric me repetiu essas palavras sua insatisfação era visível, porque ele não aprecia o fato de que a morte de seu pai tenha se tornado um fragmento de ironia.

— Sendo que a grande ironia histórica — disse Eric — é que a CIA trouxe o LSD à América, promovendo assim uma espécie de iluminação; criando assim um novo nível de consciência política; plantando assim as sementes de sua própria ruína, porque criou um público esclarecido.

O assunto rendeu muitas páginas nos jornais, e se verá que, atualmente, é tema de muitos livros.

Os detalhes continuaram a surgir, de modo tão rápido e abundante que Frank Olson corria o risco de ser esquecido, varrido como um galho no maremoto de sua história pitoresca. A CIA também contou aos Olson que em 1953 eles criaram um bordel do MK-ULTRA na cidade de Nova York, onde colocavam LSD nas bebidas dos clientes. Atrás de um espelho falso, um agente chamado George White confeccionava, e passava a seus superiores na cadeia de comando, pequenos modelos feitos com escovinhas para limpar cachimbos. Os modelos representavam as posições sexuais consideradas pelo observador George White as mais efetivas para a revelação de informações.

Quando George White saiu da CIA, um trecho de sua carta de demissão dizia: "Eu trabalhei duro e com entusiasmo nos vinhedos porque era muito, muito divertido... Onde mais um enérgico garoto americano poderia mentir, matar, chantagear, roubar, estuprar e pilhar com a sanção e a bênção dos superiores?"

George White dirigiu essa carta a seu chefe, o mesmo homem da CIA que havia colocado LSD no *cointreau* de Frank Olson: um budista obcecado por ecologia chamado Sidney Gottlieb.

Gottlieb aprendera a arte da prestidigitação com John Mulholland, um mágico da Broadway que está hoje praticamente esquecido, mas que na época era um grande astro, um David Copperfield. Ele misteriosamente se retirou da cena pública em 1953, alegando problemas de saúde, quando na verdade vinha sendo secretamente empregado por Sidney Gottlieb para ensinar agentes a colocarem LSD nos drinques das pessoas. Mulholland também ensinou Gottlieb a enfiar biotoxinas nas escovas de dentes e charutos dos inimigos da América no exterior.

Foi Gottlieb que viajou ao Congo para assassinar Patrice Lumumba, o primeiro *premiê* eleito democraticamente no país, colocando toxinas em sua escova de dentes (ele falhou: a história conta que outra pessoa, um não americano, conseguiu assassinar Lumumba antes). Foi Gottlieb que enviou um lenço com as iniciais gravadas, adulterado com brucelose, ao coronel iraquiano Abd al-Karim Qasim. Qasim sobreviveu. E foi Gottlieb que viajou a Cuba para inserir venenos nos charutos de Fidel Castro e em sua roupa de mergulho. Castro sobreviveu.

Era como uma comédia cotidiana — os irmãos Marx tornam-se assassinos secretos — e às vezes Eric tinha a impressão de que sua família era a única que não estava dando risada.

– A imagem que nos foi apresentada — disse Eric — era de um bando de universitários fora de controle. "Tentamos algumas coisas malucas e cometemos erros de julgamento. Colocamos vários venenos nos charutos de Castro, mas nada daquilo funcionou. E então concluímos que não éramos bons naquele tipo de coisa."

— Um palhaço assassino — eu disse.

— Um palhaço assassino — disse Eric. — "Inaptidão. Nós drogamos pessoas e elas pulam da janela. Tentamos assassinar pessoas e chegamos tarde demais. E nunca assassinamos ninguém de fato."

Eric fez uma pausa.

— E Gottlieb aparece em toda a parte! — ele disse. — Gottlieb é a única pessoa no negócio? Ele tem de fazer *tudo*? — Eric riu. — E era a isso que minha mãe estava se agarrando quando falou com Gottlieb. Ela disse: "Como vocês puderam realizar um experimento científico tão negligente? Onde está a supervisão médica? Onde está o grupo de controle? Vocês chamam isso de *ciência*?" E Gottlieb basicamente respondeu: "Sim, foi um pouco fortuito. Sentimos muito por isso."

Quando me sentei na casa de Eric Olson e ouvi sua história, eu me dei conta de que o nome de Sidney Gottlieb já me havia sido mencionado antes, em algum outro contexto distante. Então me lembrei. Antes do general Stubblebine, os espiões paranormais secretos tinham outro administrador: Sidney Gottlieb.

Demorei um tempo para me lembrar disso porque parecia muito improvável. O que alguém como Sidney Gottlieb, um envenenador, um assassino (ainda que não particularmente talentoso), o homem indiretamente responsável pela morte de Frank Olson, fazia no meio dessa outra história, engraçada e paranormal? Para mim, parecia digno de nota que, no mundo da inteligência, a brecha entre o lado iluminado (super-homens paranormais) e o lado escuro (assassinos secretos) fosse tão estreita. Mas foi só quando Eric me mostrou uma carta que sua mãe recebeu, do nada, em 13 de julho de 1975, que comecei a entender o quão estreita de fato era. A carta era do Hotel Diplomat Motor, em Ocean City, Maryland. Dizia:

Cara Senhora Olson,
    Depois de ler os relatos no jornal sobre a trágica morte de seu marido, senti-me compelido a lhe escrever.
    Na época da morte de seu marido, eu era o assistente de gerente do turno da noite no hotel Statler em Nova York, e estive ao lado dele segundos depois da queda. Ele tentou falar, mas suas palavras eram ininteligíveis. Um padre foi convocado e ele recebeu a extrema-unção.
    Tendo trabalhado no ramo de hotelaria durante os últimos 36 anos e presenciado inúmeros incidentes desafortunados, a morte de seu marido me perturbou muitíssimo, devido às circunstâncias extremamente estranhas, das quais a senhora hoje tem conhecimento.
    Se eu puder ajudá-la de alguma forma, não hesite em me procurar.
    Minhas sinceras condolências à senhora e à sua família.
    Sinceramente,
    Armond D. Pastore
    Gerente Geral.

Os Olson realmente telefonaram a Armond Pastore para agradecer-lhe por sua carta, e foi então que Pastore lhes contou o que aconteceu momentos depois que Frank morreu em seus braços na rua, às 2 da madrugada.

Pastore contou que voltou ao hotel e falou com a telefonista. Ele perguntou a ela se alguma chamada havia sido feita do quarto de Frank Olson.

Ela disse que houve apenas um telefonema, e ela o havia escutado. Foi muito breve. Foi feito imediatamente depois que Frank Olson voou pela janela.

O homem no quarto de Frank Olson disse:

— Bem, ele se foi.

A voz do outro lado da linha falou:

— Isso é muito ruim.

E ambos desligaram.

15. HAROLD'S CLUB OU BANCARROTA!

Eric Olson tem uma piscina no jardim dos fundos de sua casa — uma das pouquíssimas coisas agregadas à casa desde 1953. Num dia quente de agosto, Eric, seu filho, que mora na Suécia, seu irmão Nils com a esposa e filhos, alguns de seus amigos e eu tomávamos sol à beira da piscina, quando um caminhão coberto de imagens de balões para festa — Capital Party Rentals — parou na entrada da casa para entregar cem cadeiras de plástico.

— Ei! Cadeiras coloridas! — gritou Eric.
— Você quer as coloridas? — perguntou o motorista.
— Não — disse Eric. — Não são apropriadas. Ficarei com as cinzentas.

Eric havia trazido um estéreo portátil até a beira da piscina e o sintonizou no programa *All things considered*, da National Public Radio, porque o famoso repórter Daniel Schorr faria um comentário sobre ele. Daniel Schorr foi o primeiro a entrevistar Khrushchev, ganhou três Emmys pela cobertura do caso Watergate e agora voltava sua atenção para Eric.

Teve início o comentário.

... Eric Olson está pronto para afirmar, numa conferência de imprensa que acontecerá amanhã, que a história do suicídio não faz sentido...

Eric se reclinou contra a cerca de arame que circundava a piscina e deu um sorriso para os amigos e familiares, que ouviam atentamente a transmissão.

... e que seu pai foi morto para que fosse silenciado sobre as atividades letais nas quais estava envolvido, projetos que receberam os codinomes Artichoke e MK-ULTRA. Hoje, um porta-voz da CIA disse que nenhuma investigação do caso de Olson realizada pelos poderes legislativo e executivo revelou qualquer evidência de homicídio. Eric Olson talvez não tenha a história inteira. A questão é que o controle do governo sobre seus segredos permanece tão firme que talvez *jamais* possamos conhecer a história toda...

Eric estremeceu.
— Não faça isso, Dan — murmurou para si próprio. — Não faça isso.

... Aqui é Daniel Schorr...

— Não faça isso, Dan — repetiu Eric.
Ele se virou para todos nós, à beira da piscina. Estávamos sentados lá sem dizer nada.

— *Estão vendo?* — disse Eric. — É isso o que eles querem fazer. "Nós talvez jamais possamos conhecer a história toda." E há tanto conforto quando eles escutam isso. Uma ova. *Uma ova.* "Ah, poderia ser isso, poderia ser aquilo, e tudo na CIA é um labirinto de espelhos... camadas... você nunca consegue ir até o final..." Quando as pessoas dizem isso, o que elas estão de fato dizendo é: "Estamos confortáveis com isso porque não *queremos* saber." É como minha mãe sempre disse: "Você nunca vai saber o que aconteceu naquele quarto de hotel." Bem, algo *aconteceu* naquele quarto de hotel, e *é sabível*.

De repente, Eric tem 60 anos. Décadas se passaram, e durante todo esse tempo ele investigou a morte do pai. Um dia lhe perguntei se ele se arrependia, e ele respondeu:

— Eu me arrependo o tempo *todo*.

Juntar os fatos tem sido muito difícil para Eric, estando os fatos enterrados em documentos confidenciais, ou documentos não confidenciais encobertos com linhas espessas de caneta marca-texto preta, ou coisa pior. Durante um encontro, Sidney Gottlieb admitiu a Eric que, quando se aposentou, ele destruiu os arquivos do MK-ULTRA. Quando Eric lhe perguntou por quê, Gottlieb explicou que sua "sensibilidade ecológica" o tornara ciente dos males do "excesso de papéis".

Gottlieb acrescentou que na verdade não importava que os documentos tenham sido destruídos, porque, de todo modo, era tudo um desperdício. Segundo disse a Eric, todos os experimentos do MK-ULTRA eram fúteis. Todos eles deram em nada. Eric deixou Gottlieb dando-se conta de que havia sido golpeado por uma mente verdadeiramente brilhante.

Que excelente história secreta, pensou. *Numa sociedade obcecada pelo sucesso como esta, qual é o melhor rochedo sob o qual se esconder? O rochedo chamado fracasso.*

Assim, a maioria dos fatos estavam retidos apenas na memória de homens que não queriam falar. No entanto, Eric construiu uma narrativa que é simplesmente tão plausível, até mesmo mais plausível, que a história do suicídio motivado por LSD.

Reunir os fatos foi suficientemente difícil, mas havia algo ainda mais difícil.

— A velha história é tão divertida — disse Eric. — Por que alguém desejaria substituí-la por uma história que não é divertida? Você percebe? A pessoa que manipula a história tem controle sobre ela desde o início. É muito difícil para as pessoas lerem a narrativa no sentido oposto ao que lhes havia sido sugerido.

— Sua nova história não é tão divertida quanto a outra — concordei.

— Esta já não é uma história feliz, de bem-estar — disse Eric —, e ela me desagrada tanto quanto a qualquer outra pessoa. É difícil aceitar que seu pai não morreu por suicídio, nem por negligência depois de um experimento com drogas, ele morreu porque o *mataram*. É um sentimento diferente.

E algo que perturbava Eric era que nas raras ocasiões em que ele convenceu um jornalista de que seu pai foi *assassinado* pela CIA, a revelação não foi recebida com assombro. Um escritor recusou seu convite para participar da conferência de imprensa dizendo:

— Nós sabemos que a CIA mata as pessoas. Isso já não é notícia.

De fato, conforme me contou Eric, essa seria a primeira vez que alguém acusava publicamente a CIA de assassinar um cidadão americano.

— As pessoas têm sofrido tanta lavagem cerebral por meio da *ficção* — disse Eric enquanto dirigíamos até o Kinko's local para apanhar os *press releases* da conferência —, tanta lavagem cerebral por meio daquela coisa de Tom Clancy, que pensam: "Nós *conhecemos* isso. *Sabemos* que a CIA faz isso." De fato, não sabemos *nada* sobre isso. Não há *nenhum* caso disso, e toda essa coisa fictícia é como uma imunização contra a realidade. Faz as pessoas pensarem que sabem de coisas que não sabem e permite que elas tenham uma espécie de argúcia aparente e superficial, e um cinismo que é apenas uma fina camada além da qual não são nem um pouco cínicos.

Não é que as pessoas não estejam interessadas: elas estão interessadas da forma errada. Recentemente, um diretor de teatro abordou Eric a fim de pedir sua permissão para transformar a história de Frank Olson em "uma ópera sobre a defenestração", mas Eric recusou, explicando que a história já era suficientemente complexa sem os fatos serem *cantados* para uma audiência. A conferência de imprensa que aconteceria no dia seguinte era realmente sua última chance de convencer o mundo de que seu pai não se suicidara por causa do LSD.

*

Havia muitas formas de Eric recontar sua nova versão da história na conferência de imprensa. Era impossível para ele — para qualquer um — saber como fazê-lo da forma mais coerente e, ainda assim, atraente. A nova história de Eric não só deixa de ser divertida, como também é exasperadamente complicada. Há tanta informação para se absorver que seria possível que a audiência simplesmente deixasse de prestar atenção.

Na verdade, essa história começa com a proclamação do diretor da CIA, Allen Dulles, a seu grupo de ex-alunos em Princeton, em 1953.

— Guerra mental — dissera — é o grande campo de batalha da Guerra Fria, e temos de fazer o que for necessário para vencê-la.

Antes de Jim Channon, do general Stubblebine e do coronel Alexander, havia Allen Dulles, o primeiro grande pensador excepcional na inteligência dos EUA. Allen, um patriarca apreciador de cachimbo, era grande amigo dos Bush e fora um dia o advogado da família, e acreditava que a CIA deveria ser como uma universidade da Ivy League, obtendo inspiração não só dos agentes, mas também de cientistas, acadêmicos e quem mais pudesse propor algo novo. Foi Dulles que mudou o quartel-general da CIA da metropolitana Washington DC à suburbana Langley, na Virginia (agora renomeada Centro George Bush para Inteligência), porque queria criar, fora da cidade, um ambiente reflexivo de campus universitário. Foi Dulles que enviou agentes secretos da CIA aos subúrbios americanos nos anos 1950 e 1960 para se infiltrarem em sessões de espiritismo, na esperança de desvendar e recrutar os clarividentes mais talentosos da América ao campo de batalha de sua guerra mental, e foi assim que teve início o relacionamento entre a inteligência e o mundo paranormal. Mas foi o general Stubblebine que, inspirado pelo Primeiro Batalhão da Terra, proclamou, mais de 20 anos depois, que qualquer pessoa poderia ser um grande paranormal e, assim, escancarou as portas do programa, e o major Ed Dames se somou à unidade e então revelou seus segredos no rádio para Art Bell, e se armou um escândalo, e — não por culpa de nenhum dos militares envolvidos — 39 pessoas se mataram em San Diego numa tentativa de pegar carona no companheiro de viagem do Hale-Bopp, anunciado por Prudence e Courtney.

Allen Dulles colocou Sidney Gottlieb a cargo do incipiente programa paranormal, e também do MK-ULTRA, e então de um terceiro projeto secreto da guerra mental conhecido como Artichoke.

Artichoke é o programa que não é divertido.

Documentos recentemente tornados não confidenciais revelam que o Artichoke tratava de inventar novas formas insanas, brutais, violentas e frequentemente fatais de interrogar pessoas.

Frank Olson não era apenas um cientista civil trabalhando com substâncias químicas em Fort Detrick. Ele era também um homem da CIA. Ele estava trabalhando para o Artichoke. É por isso que esteve na Europa meses antes de morrer, sentado em cafés na calçada com homens que vestiam longos casacos e chapéus tiroleses. Eles estavam lá por causa do projeto Artichoke. O pai de Eric era — e não há uma forma agradável de se dizer isso — um pioneiro em tortura, ou, no mínimo, o assistente de pioneiros em tortura. O Artichoke era o Primeiro Batalhão da Terra da tortura — um grupo de pensadores excepcionais e inovadores que compartilhavam as mesmas opiniões, propondo todo tipo de novas formas perspicazes de conseguir arrancar informações das pessoas.

Um exemplo: de acordo com um documento da CIA datado de 26 de abril de 1952, os homens do Artichoke "usavam heroína diariamente", porque determinaram que a heroína e outras substâncias "podem ser úteis de modo inverso por causa dos estresses causados quando são retiradas daqueles dependentes de seu uso".

Foi por isso, conforme soube Eric, que seu pai foi recrutado para o Artichoke. Dentre os interrogadores, ele era o único que tinha conhecimento científico de como administrar drogas e substâncias químicas.

E agora, em 2004, esse método de interrogatório criado pelo Artichoke — provocar a súbita abstinência de heroína — está de volta. Mark Bowden, autor de *Black hawk down* [Falcão negro em perigo], entrevistou vários interrogadores da CIA para a edição de outubro de 2003 do *Atlantic Monthly*, e este é o panorama que ele construiu:

> No que pode ou não ter sido 1º de março [de 2003], o notório terrorista Khalid Sheikh Mohammed foi bruscamente despertado por um grupo de assalto de comandos americanos e paquistaneses... Essa foi uma das mais importantes capturas até então na guerra contra o terror.

Sheikh Mohammed é considerado o arquiteto de dois atentados contra o World Trade Center: o que falhou, em 1993, e o que obteve tão catastrófico sucesso, oito anos mais tarde... Ele foi levado a um "local não divulgado" (um lugar na CIA chamado "hotel Califórnia") — supostamente uma instalação em outro país aliado, ou talvez uma prisão especialmente projetada a bordo de um porta-aviões.

Pouco importa onde, porque o lugar não lhe seria familiar ou identificável. As âncoras da sanidade, tempo e espaço, estavam prestes a ser suspensas. Ele talvez, também, estivesse entrando numa nova dimensão, um estranho novo mundo onde todas as suas palavras, movimentos e sensações seriam monitorados e medidos; onde as coisas talvez fossem o que pareciam, mas talvez não; onde não haveria coisas como o dia e a noite, ou padrões normais de comida e bebida, sono e vigília; onde frio e calor, seco e molhado, limpo e sujo, verdade e mentira, seriam todos enredados e distorcidos.

Noite e dia, o espaço seria repleto de luz e ruídos dissonantes. O questionamento seria intenso — às vezes ruidoso e brusco, às vezes silencioso e gentil, sem razão aparente para uma ou outra forma. A sessão poderia durar dias, com interrogadores se alternando, ou apenas alguns minutos. Em certas ocasiões ele poderia receber uma droga para elevar seu estado de ânimo antes do interrogatório; maconha, heroína e pentotal de sódio se mostraram eficazes em suprimir a relutância em falar. Essas drogas poderiam ser administradas furtivamente com a comida ou a bebida e, dada a desolação de sua existência, poderiam até mesmo oferecer um breve período de alívio e prazer, criando assim toda uma nova categoria de desejos — e um novo mecanismo de poder para seus interrogadores.

Observe-se como, nesse panorama, uma parte do Primeiro Batalhão da Terra de Jim Channon ("luz e ruídos dissonantes") e uma parte do Artichoke de Frank Olson ("toda uma nova categoria de desejos") estão juntas como duas peças de um quebra-cabeça.

Na véspera da conferência de imprensa, Eric e eu assistimos a velhos vídeos caseiros em 8mm de seu pai brincando no jardim com os filhos. Na tela, Frank pedalava uma velha bicicleta cambaleante e Eric, então uma criança pequena, apoiava-se no guidão. Eric olhava fixamente para a tela, sorrindo.

Ele disse:

— *Lá está* meu pai. Lá! É ele! Em comparação com os outros caras da CIA, ele tem uma expressão franca. Uma... — Eric fez uma pausa. — Basicamente — disse —, essa é uma história sobre um cara que tinha um código moral simples e uma visão ingênua do mundo. E ele certamente não era alguém que estaria envolvido em "interrogatórios terminais". Ele passou por uma crise moral, mas estava tão metido nisso que eles não podiam deixá-lo sair.

Continuamos assistindo ao vídeo caseiro. Então Eric disse:

— Pense no quanto poderia ter sido diferente se ele estivesse vivo para dizer algo a respeito disso. Ha! Toda a história de uma porção de coisas seria diferente. E você pode ver grande parte disso apenas em seu rosto. A maioria dos outros homens tem expressões muito severas, fechadas. Ele não... — E sua voz diminuiu.

Em certo momento durante sua investigação, Eric entrou em contato com o jornalista britânico Gordon Thomas, que escreveu vários livros sobre assuntos da inteligência. Por meio de Thomas, Eric soube que, durante uma viagem a Londres no verão de 1953, seu pai aparentemente confiou em William Sargant, um psiquiatra que aconselhava a inteligência britânica sobre técnicas de lavagem cerebral.

De acordo com Thomas, Frank Olson disse a Sargant que havia visitado as instalações secretas de pesquisa britânico-americanas perto de Frankfurt, onde a CIA estava testando soros da verdade em "prescindíveis", agentes russos e ex-nazistas capturados. Olson confessou a Sargant que ele havia testemunhado algo terrível, possivelmente um "experimento terminal" em um ou mais dos prescindíveis. Sargant escutou tudo o que Olson tinha a lhe dizer e então informou à inteligência britânica que os receios do jovem cientista americano o estavam tornando um risco à segurança. Ele recomendou que negassem a Olson acesso a Porton Down, a instituição britânica de pesquisa sobre armas químicas.

Quando Eric soube disso, contou a seu amigo, o escritor Michael Ignatieff, que publicou um artigo sobre Eric no

New York Times. Uma semana depois, Eric recebeu o telefonema que vinha esperando durante toda a vida. Era realmente um Harold filho, um dos melhores amigos de seu pai em Detrick, um homem que sabia tudo e estava disposto a contar a Eric toda a história.

Seu nome era Norman Cournoyer.

Eric passou um fim de semana na casa de Norman em Connecticut. Revelar a Eric os segredos que ele vinha guardando durante todos esses anos era tão estressante para Norman que ele várias vezes pediu licença para que pudesse ir ao banheiro e vomitar.

Norman disse a Eric que a história do Artichoke era verdade. Frank havia dito a Norman que "eles não se importavam se as pessoas saíam dessa ou não. Talvez sobrevivessem; talvez não. Talvez fossem levadas à morte".

Eric disse:

— Norman se recusou a entrar em detalhes sobre o que isso significava, mas disse que não era algo bom. Tortura extrema, uso extremo de drogas, estresse extremo.

Norman contou a Eric que seu pai estava profundamente envolvido, e horrorizado com o rumo que sua vida havia tomado. Ele viu pessoas morrerem na Europa, talvez até os tenha ajudado a morrer, e quando retornou à América estava determinado a revelar o que tinha visto. Vinte e quatro horas por dia, havia nos portões de Fort Detrick um contingente de quacres, manifestantes a favor da paz, e Frank iria até lá falar com eles, para a consternação dos colegas. Frank perguntou a Norman um dia: — Você conhece um bom jornalista com quem eu possa falar?

Eric afirmou que, portanto, colocar LSD no *cointreau* de seu pai no Deep Creek Lodge não foi um experimento que deu errado: foi planejado para fazê-lo falar enquanto tinha alucinações. E Frank não passou no teste. Ele revelou suas intenções a Gottlieb e aos outros homens do MK-ULTRA presentes. Esse era o "erro terrível" que ele havia cometido. Ver *Martin Luther* no domingo à noite o tornou ainda mais determinado a largar o emprego. *Aqui eu fico. Não posso fazer outra coisa.*

E, na segunda-feira de manhã, Frank, de fato, apresentou o pedido de demissão, mas os colegas o persuadiram a buscar ajuda psicológica em Nova York.

Documentos revelam que Frank nunca foi a um psiquiatra em Nova York. Em vez disso, ele foi levado pelo representante de Gottlieb ao escritório do ex-mágico da Broadway John Mulholland, que deve tê-lo hipnotizado, e Frank provavelmente também não passou naquele teste.

Alojar um homem possivelmente transtornado e desesperado num quarto de hotel bem acima da Sétima Avenida já não parecia um lamentável erro de julgamento. Parecia o prelúdio de um assassinato.

Quando o corpo do pai de Eric foi exumado em 1994, o patologista, Dr. James Starrs, encontrou um orifício na cabeça de Frank que — conforme concluiu — vinha da coronha de uma arma, e não de uma queda de uma janela no décimo andar.

"Bem, ele se foi", dissera a voz do representante de Sidney Gottlieb, Robert Lashbrook.

"Isso é muito ruim", veio a resposta.

E ambos desligaram.

Havia cerca de 40 jornalistas na conferência de imprensa de Eric — equipes de todas as redes de TV e muitos dos grandes jornais. Eric havia decidido, a fim de facilitar sua compreensão, contar a história primordialmente por meio da narrativa de seu fim de semana com Norman Cournoyer. Ele salientou várias vezes que essa já não era uma história familiar. Era, agora, uma história sobre o que aconteceu à América nos anos 1950 e sobre como aquilo informa o que está acontecendo hoje.

— Onde está a *prova*? — perguntou Julia Robb, a repórter do *Frederick News Post*, o jornal da cidade de Eric, quando ele terminou. — Tudo isso se apoia na palavra de *um* homem, o amigo de seu pai?

Julia olhou ao redor para sugerir que esse Norman Cournoyer não estava sequer presente.

— Não — disse Eric. Ele parecia exasperado. — Como tentei lhes dizer, apoia-se conceitualmente na ideia de que há dois vetores nessa história e eles se cruzam em apenas um ponto.

Houve um silêncio perplexo.

— Você está, de alguma forma, motivado por ideologia? — perguntou o homem da Fox News.

— Apenas pelo desejo de saber a verdade — Eric suspirou.

Mais tarde, quando os jornalistas se amontoaram para

se servir do bufê disposto em mesas de piquenique, a conversa entre os Olson e amigos girou em torno de Julia Robb, a repórter do *Frederick News Post*. Alguém disse que pensava ser uma lástima que a jornalista mais hostil presente representasse o jornal da cidade de Eric e Nils.

— Sim, é verdade — disse Nils. — É doloroso para mim. Sou um profissional aqui na cidade. Como dentista, me relaciono com os moradores da região. Diariamente, vejo pessoas que leem o jornal local, e isso me afeta.

Nils olhou para Eric do outro lado do jardim. Ele estava dizendo algo a Julia, mas não podíamos ouvir o quê.

Nils disse:

— Há momentos em que você passa por uma fase de acreditar que possivelmente essa história *é* um monte de besteiras, e que *foi* apenas um simples suicídio motivado por LSD, e *aquilo* — Nils olhou para Julia — pode iniciar uma espécie de espiral de vergonha. É como os sentimentos que você tem no meio da noite, às 3 da madrugada, quando está tentando pegar no sono e começa a ter certo *pensamento*, e o pensamento o leva a outro pensamento negativo, e isso meio que sai do controle, e você tem de se sacudir e talvez acender a luz para voltar à realidade.

Agora Eric e Julia estavam discutindo. Julia disse algo a Eric e saiu, andando em direção ao carro. (Mais tarde, Eric me disse que Julia parecia "indignada, como se toda a história a deixasse tão profundamente furiosa que ela era absolutamente incapaz de articular uma palavra".)

— Quero dizer — disse Nils —, a América essencialmente quer pensar em si mesma como sendo boa, que estamos certos no que estamos fazendo e que temos uma responsabilidade muito grande sobre o mundo livre. E olhar para algumas dessas questões é problemático porque, se a América de fato tem um lado mais escuro, você já não pode agarrar a sua visão da América, é algo como: "Putz, se eu retirar esse pilar da consciência americana, isso é um castelo de cartas? Isso realmente ameaça a natureza fundamental da América?"

Nós voltamos lentamente à piscina. Uma hora se passou, e então Eric se juntou a nós. Ele estivera ao telefone dentro da casa. Estava rindo.

— Vocês ouviram a última? — ele disse.
— Conte-me — disse Nils. — Estou louco para saber.
— Julia — disse Eric — telefonou para Norman. Acabei de ligar para ela e ela disse: "Eric, que bom que você me ligou. Acabei de falar com Norman. Ele disse que não tem motivos para acreditar que a CIA assassinaria Frank Olson." Eu falei: "Julia, obrigado por respeitar meu desejo de que não telefonassem para Norman." E ela: "Eric, sou uma *repórter*. Tenho que fazer o que é necessário para conseguir a história."

Eric riu, mas ninguém mais o fez.

E então eu dirigi até Connecticut, à casa de Norman Cournoyer. Eu estava ligeiramente abalado pelas notícias do telefonema entre Julia Robb e Norman. Será que entendi mal? Será que Eric era alguma espécie de fantasista?

Norman mora num grande bangalô branco numa rua de alto padrão do subúrbio. Sua esposa abriu a porta e me levou até a sala de estar, onde Norman me aguardava. Ele apontou para a mesa e disse:

— Separei algumas velhas fotografias para você.

Eram de Norman e Frank Olson, de braços dados, em algum lugar no meio de Fort Detrick, por volta de 1953.

— Você disse à repórter do *Frederick News Post* que não tinha motivos para sugerir que Frank foi assassinado pela CIA? — perguntei.

— Sim — disse Norman.

— E por que fez isso? — indaguei.

— Pelo telefone? — disse Norman. — Creio que um jornalista está cometendo um grande erro em tentar fazer alguém falar por telefone.

— Então você *realmente* acredita que Frank foi assassinado? — perguntei.

— Tenho *certeza* disso — respondeu Norman.

E então ele me disse algo que não havia dito a Eric.

— Eu vi Frank depois que lhe deram LSD — falou. — Fizemos piada sobre isso.

— O que ele disse? — perguntei.

— Ele disse: "Estão tentando descobrir que tipo de cara eu sou. Se eu vou revelar segredos."

— Vocês estavam fazendo piadas sobre isso? — falei.

— Fizemos piada sobre isso porque ele não reagiu ao LSD.

— Ele não estava viajando nem um pouco? — perguntei.

— Não — disse Norman. — Ele estava rindo. Ele disse: "Agora, eles estão ficando muito, muito nervosos por causa do que acreditam que sou capaz". Ele realmente pensava que o estavam importunando porque ele era o homem que poderia revelar os segredos.

— Ele ia falar com um jornalista? — perguntei.

— Ele chegou tão perto que não era nem mesmo engraçado — disse Norman.

— Ele voltou da Europa parecendo muito transtornado? — perguntei.

— Sim — disse Norman. — Conversamos cerca de uma semana, dez dias, depois que ele voltou. Eu disse: "O que aconteceu com você, Frank? Você parece terrivelmente transtornado." Ele respondeu: "Ah, você sabe..." Para ser honesto, devo admitir, estou me lembrando agora. Ele disse...

De repente, Norman ficou em silêncio.

— Eu não quero ir mais longe que isso — falou. — Há certas coisas sobre as quais não quero falar.

Norman olhou pela janela.

— Elas falam por si sós — ele disse.

Eric esperava que sua conferência de imprensa ao menos mudaria a forma de se relatar a história. No mínimo, motivaria algum jornalista enérgico a abraçar o desafio e encontrar a prova inequívoca de que Frank Olson foi empurrado pela janela.

Mas, nos dias que se seguiram à conferência de imprensa, ficou claro que todos os jornalistas haviam decidido relatar a história quase da mesma forma.

Eric finalmente encontrara um "desfecho".

Ele estava a caminho de ser "curado".

Ele havia "resolvido seu mistério".

Ele podia "seguir em frente" agora.

Possivelmente "nunca saberemos" o que realmente aconteceu a Frank Olson, mas o importante era que Eric havia alcançado um "desfecho".

A história era divertida novamente.

16. A SAÍDA

27 de junho de 2004

Jim Channon me envia por fax sua estratégia de saída do Iraque. Esse é o mesmo documento que ele enviou ao chefe de Estado-maior do exército, o general Pete Schoomaker, depois que Donald Rumsfeld pediu que o general trouxesse pensadores "criativos" à organização.

A estratégia de Jim começa da seguinte maneira:

Quando saímos do Vietnã, nós o fizemos com o rabo entre as pernas. Estamos nos retirando a um ritmo indecoroso. Aos olhos do mundo que assiste, os últimos momentos são tão reveladores quanto os primeiros.

A SOLUÇÃO DO PRIMEIRO BATALHÃO DA TERRA
1. Uma cerimônia comovente e sincera [consistindo em] mães, crianças, professores, soldados, enfermeiras e médicos de ambos os lados. Onde possíveis crianças carregarão as verdadeiras condecorações (isto é, medalhas, troféus, pequenas estátuas) de agradecimento e reconhecimento para os [soldados americanos e iraquianos] honrados.

2. O ambiente cerimonial que projetamos é, por si só, uma dádiva ao futuro do Iraque. Recomendamos que uma bela vila global seja construída como cenário. Pode expor os tipos de tecnologia de energia alternativa, saneamento e agricultura apropriados para essa parte do mundo.
3. [A cerimônia incluirá a entrega de] presentes de outras partes do mundo. Tradutores da Organização das Nações Unidas estarão disponíveis para interpretar os presentes. Um ancião e um adolescente poderão falar sobre a promessa de cooperação.

29 de junho de 2004

Hoje, a soberania é transferida das forças de coalizão ao novo governo iraquiano. Quem quer que tenha organizado a cerimônia, obviamente escolheu não implementar as ideias de Jim:

> Atrás de quilômetros prateados de fitas farpadas, atrás de altas barreiras de concreto mais fortes que a maioria das fortificações medievais, atrás de sacos de areia, cinco controles de segurança, veículos americanos blindados, soldados americanos protegidos com coletes, forças especiais de vários países e guardas de segurança privada, um burocrata americano entregou um pedaço de papel a um juiz iraquiano, entrou num helicóptero e deixou o país.
>
> A primeira coisa que os repórteres viram ao saírem do auditório banal onde o recém-juramentado governo iraquiano assinalou a nova era foram dois helicópteros de

A SAÍDA

combate americanos Apache, dando piruetas baixas no céu em chamas.

O temor aos aviões de bombardeio deu à ocasião toda a pompa de uma comitiva partindo. Durou apenas 20 minutos.

James Meek, *Guardian*.

Acredito que este tenha sido um livro sobre as relações em constante mudança entre as ideias de Jim Channon e o exército em geral. Às vezes o exército parece uma nação, e Jim uma vila em algum lugar no meio, como Glastonbury — vista com carinho, mas basicamente ignorada. Outras vezes, Jim parece estar bem no centro das coisas.

Talvez a história seja esta: no final dos anos 1970, Jim, traumatizado com guerra do Vietnã, buscou consolo na emergência do movimento do potencial humano da Califórnia. Ele trouxe suas ideias de volta ao exército, e elas sensibilizaram o alto-comando, que jamais havia visto a si próprio como a Nova Era, mas para quem, em seu desânimo pós-Vietnã, tudo fazia sentido.

Mas então, durante as décadas que se passaram, o exército, sendo o que era, recuperou sua força e viu que algumas das ideias contidas no manual de Jim poderiam ser usadas para destruir pessoas, em vez de curá-las. Essas são as ideias que continuam vivas na guerra contra o terror.

O "burocrata" a que o artigo do *Guardian* se refere, Paul Bremer, pode ter saído do país hoje, mas ele deixa para trás, no Iraque, 160 mil soldados, em sua vasta maioria americanos. De acordo com o Instituto para Estudos Policiais e Polícia Estrangeira em Foco, 52% daqueles soldados americanos estão padecendo de baixa moral, 15% foram diagnosticados com estresse traumático, 7,3% com ansiedade e 6,9% com depressão. O índice de suicídio entre soldados americanos cresceu numa média de oito anos de 11,9 por 100 mil para 15,6 por 100 mil.

Um total de 952 soldados da coalizão foram mortos desde que a guerra começou, incluindo 836 americanos. Outros cerca de 5.134 foram feridos. Os hospitais militares relataram um grande aumento no número de amputações — o resultado de um projeto "aperfeiçoado" de colete a prova de bala que protege os órgãos vitais, mas não os membros.

Entre 9.436 e 11.317 civis iraquianos foram mortos em consequência da invasão americana e subsequente ocupação, e outros 40 mil foram feridos. Esses números são menos exatos porque ninguém, de fato, tem mantido registros.

Oito por cento dos iraquianos declaram "não confiar" nas autoridades civis americanas nem nas tropas da coalizão, em parte — não tenho dúvidas quanto a isso — devido às fotografias que detalhavam os métodos de interrogatório empregados pela inteligência militar em Abu Ghraib.

Recebi um telefonema estranhíssimo. Era de alguém sobre quem escrevi neste livro, um homem que continua a trabalhar no exército dos EUA. Eu quase não incluí o que ele me contou, porque é totalmente extravagante e impossível de corroborar. Mas também parece verdade. Ele disse que me contaria o segredo com a condição de que eu não revelasse seu nome.

Antes de repetir o que ele disse, eu devo explicar por que acredito que seja verdade.

Em primeiro lugar, a extravagância não os deteve antes.

Certa vez, perguntei ao coronel Alexander se houve alguma espécie de renascimento do MK-ULTRA depois do 11 de Setembro.

— Não necessariamente LSD — acrescentei —, mas uma arma não letal do tipo do MK-ULTRA. Tome a história dos estéreos portáteis da baía de Guantánamo. Certamente a explicação mais provável é que estão lhe fazendo ouvir algum tipo de ruído alterador da consciência, escondido em algum lugar sob a música de Fleetwood Mac.

— Você está soando ridículo — respondeu.

Ele estava certo. O que eu dizia parecia tão ridículo quanto quando perguntei a amigos de Michael Echanis se eles sabiam se Michael já estivera envolvido em "influenciar o gado a distância". Mas aquelas eram as cartas que essa história havia repartido para mim.

(Deve-se lembrar que os malucos nem sempre serão encontrados do lado de fora. Às vezes, estão profundamente incrustados do lado de dentro. Nem mesmo o teórico da conspiração mais imaginativo já pensou em inventar uma situação em que uma equipe especializada de soldados e majores-generais das Forças Especiais secretamente tenta atravessar paredes e matar cabras com o olhar.)

— Escute — disse o coronel Alexander, num tom irritado. — Ninguém que sobreviveu ao trauma do MK-ULTRA — (ele estava falando do trauma por parte da inteligência, o trauma de ser descoberto, e não do trauma por parte dos Olson) — jamais se envolveria em algo como isso novamente. Ninguém que sobreviveu a todas essas audiências no congresso, essa reação da mídia... — Ele fez uma pausa. Então disse: — É claro, existem garotos na inteligência que leram tudo sobre o MK-ULTRA e pensam: "Puxa. Isso parece legal. Por que não experimentamos?" Mas jamais haveria uma reativação em nível de comando.

É claro que um bando de jovens entusiastas na inteligência militar pensando "isso parece legal" é exatamente o modo que essas coisas podem ganhar vida, e isso já aconteceu antes.

A outra razão pela qual penso que o segredo pode ser verdade gira em torno do mistério de por que o major Ed Dames um dia decidiu revelar no programa de rádio de Art Bell a existência da unidade de espionagem paranormal. Quando perguntei ao major Dames em Maui qual era o seu motivo para fazê-lo, ele deu de ombros. Um olhar distante atravessou seu rosto, e ele disse:

— Eu não tinha nenhum motivo. Absolutamente nenhum motivo.

Mas ele o disse de forma a me levar a pensar que ele de fato tinha um motivo muito hábil e secreto. Na época, eu atribuí o meio sorriso deliberadamente enigmático de Ed à sua reputação bem merecida de um criador de mistérios um pouco presunçoso.

A SAÍDA

Muitas pessoas culpavam Ed pelo encerramento da unidade, e algo cheirava a conspiração. Seu ex-colega paranormal Lyn Buchanan certa vez me dissera que ele acreditava que havia *outra* unidade paranormal, ainda mais secreta, e possivelmente com escritórios mais glamorosos que os deles, e que a razão pela qual *aquela* unidade foi revelada ao mundo era desviar a atenção dessa outra equipe paranormal misteriosa. Lyn estava querendo dizer que Ed fora instruído a revelar os segredos por pessoas do alto-comando.

Na época, eu não dei muito crédito a essa história. Com frequência, tenho constatado que pessoas no centro de conspirações visíveis geralmente são, elas próprias, teóricas da conspiração. (Eu me lembro de certa vez falar com um franco-maçom que ocupava um alto cargo em sua sede em Washington DC. Ele me disse: "É claro que é simplesmente absurdo pensar que os franco-maçons secretamente governam o mundo, mas eu lhe direi quem secretamente governa o mundo: a Comissão Trilateral.") Eu atribuí a asserção de Lyn àquela faceta peculiar do mundo da conspiração.

Mas agora não tenho tanta certeza.

Depois que Lyn Buchanan me apresentou sua teoria, enviei um e-mail a Skip Atwater, o sensato ex-caçador de talentos paranormais de Fort Meade. Skip esteve profundamente envolvido na unidade, num cargo administrativo, entre 1977 e 1987. Havia alguma verdade no que Lyn me dissera?

Ele me enviou a seguinte resposta:

> É verdade que se questionada sobre o uso de visão remota, paranormalidade ou o que quer que seja, a CIA pode dizer agora algo como: "Havia um programa, mas foi encerrado." E essa é uma afirmação verdadeira, mas não é toda a verdade. Por razões de segurança, eu não posso fornecer mais detalhes sobre nenhum programa [de Fort Meade]. Entretanto, suponho que desde os anos em que fui privado de tais informações esses esforços mudaram um pouco de direção e hoje estão prioritariamente focados no contraterrorismo. Por razões de gerenciamento de segurança, seria costumeiro... bem, talvez eu deva parar por aqui.

E esse era o fim do e-mail de Skip.

Eu sei que quase todo ex-espião paranormal da antiga unidade de Fort Meade recebeu um telefonema dos serviços de inteligência nas semanas que se seguiram ao 11 de Setembro. Disseram-lhes que se eles tivessem visões paranormais de futuros ataques terroristas, não deveriam hesitar em informar as autoridades.

E eles o fizeram, aos montes. Ed Dames teve uma visão terrível da al-Qaeda conduzindo um barco cheio de explosivos rumo a um submarino nuclear no porto de San Diego.

— Eu sabia que as pessoas de Bin Laden eram espertas — disse-me Ed a respeito de sua visão —, mas eu não havia percebido que eram *tão* espertas.

A SAÍDA

Ed informou suas descobertas ao escritório da guarda costeira da Califórnia.

Uri Geller recebeu esse telefonema de Ron, mas isso é tudo o que eu sei sobre Uri e Ron.

Vários de uma segunda geração de clarividentes (espiões paranormais que aprenderam o negócio com membros da unidade de Fort Meade e, em seguida, abriram suas próprias escolas de treinamento) também foram contatados pelas comunidades de inteligência depois do 11 de Setembro. Um deles — uma mulher chamada Angela Thompson — teve uma visão de nuvens de cogumelo sobre Denver, Seattle e Flórida. Eu estava presente na reunião dos ex-paranormais do exército num hotel Doubletree em Austin, no Texas, na primavera de 2002 quando Angela apresentou suas descobertas sobre as nuvens de cogumelos. A sala de conferência estava cheia de espiões paranormais aposentados e oficiais da inteligência. Quando Angela disse "nuvens de cogumelo sobre Denver, Seattle e Flórida", todos na sala ficaram boquiabertos.

Prudence Calabrese estava na sala. Tudo parecia ter sido perdoado em relação aos suicídios em massa do Heavens Gate, porque o FBI telefonou a Prudence no fim de setembro de 2001 e lhe pediu para informá-los assim que ela tivesse qualquer visão de futuros ataques terroristas.

Conforme me contou, Prudence realmente teve uma visão — uma visão terrível. Ela enviou os detalhes por Fedex ao FBI. Eles lhe agradeceram e desde então têm solicitado mais informações paranormais.

— Qual foi a visão? — perguntei a ela.

Houve um breve silêncio.

— É o seguinte — ela disse. — Londres é uma área de grande preocupação. Certamente, é uma área para a qual olhamos, e há razão para estar preocupado se você mora em Londres.

— *Eu* moro em Londres — falei.

Prudence tentou mudar de assunto, mas eu não deixei.

— Quando? — perguntei.

— Às 2h30 da manhã! — ela disse bruscamente. Então riu e ficou séria. — Realmente, não temos permissão para fornecer mais informações a esse respeito.

— Existe *alguma coisa* a mais que você possa me contar? — perguntei.

— Sabemos o suficiente para ter certeza de que algo vai acontecer — ela disse — e sabemos o suficiente para conhecer as imediações em que vai acontecer.

— Um ponto de referência? — perguntei.

— Sim — disse Prudence.

— Um ponto de referência como as Casas do Parlamento?

— Eu não vou lhe contar — falou.

— Com certeza, não o Palácio de Buckingham — eu disse, chocado.

Foi nesse momento que Prudence finalmente se rendeu a minhas perguntas.

— É o zoológico de Londres — disse ela.

Ela me contou que o zoológico de Londres estava prestes a ser atingido por uma bomba atômica tão poderosa que derrubaria a torre da British Telecom perto dali.

A SAÍDA

— Como você *sabe* disso? — perguntei, visivelmente incomodado.

— Os elefantes — respondeu.

Prudence me explicou que os elefantes gritavam em agonia em sua visão paranormal. A dor dos elefantes do zoológico de Londres era a imagem mais intensa e poderosa que ela já havia recebido. Prudence reunira uma equipe de 14 empregados paranormais em Carlsbad, San Diego. Segundo me disse, todos os 14 empregados sentiram a dor dos elefantes.

Quando retornei ao Reino Unido, descobri, para meu alívio, que os elefantes do zoológico de Londres haviam sido levados, alguns meses antes da visão de Prudence, ao parque de animais selvagens de Whipsnade, na zona rural de Bedfordshire, cerca de 50 quilômetros ao norte de Londres. Como os elefantes poderiam ter danos colaterais de uma bomba atômica no zoológico de Londres se não restava nenhum elefante lá?

Eu me perguntei se o Escritório de Segurança Interna de John Ashcroft já emitiu algum alerta inespecífico de um futuro ataque terrorista com base nas informações fornecidas por um paranormal. Passei algumas semanas tentando descobrir isso, mas meus telefonemas não me levaram a lugar algum, e desisti, e os paranormais sumiram da minha mente.

Eu não pensei muito nos paranormais até que, do nada, recebi o telefonema, e o homem do outro lado da linha disse que tinha um segredo para revelar desde que eu prometesse proteger sua identidade.

— OK — eu disse.

— Você conhece visão remota? — perguntou.

— Os espiões paranormais? — perguntei.

— Sim — ele disse. — Há *muito* interesse nisso novamente.

— Eu sei *disso* — falei.

Eu lhe contei sobre Ed, e Angela, e Prudence, e Uri, e o misterioso Ron.

— Suponho que você não saiba quem é Ron — eu disse.

— Não estou falando sobre *esses* clarividentes — falou. — Eles contrataram uns caras novos, e estão usando visão remota de uma forma *muito* diferente.

— Mmm? — falei.

— Eles estão levando a visão remota *para fora* do escritório — ele disse.

— Como? — perguntei.

— Estão levando a visão remota para *fora do escritório*.

— OK, obrigado — eu disse.

Eu não fazia ideia do que ele estava me dizendo, mas não me parecia um segredo particularmente bom.

— Você compreende? — ele disse, exasperado. — A visão remota já não é realizada nos escritórios.

— Hum — exclamei.

Acredito que ele estava começando a suspeitar que havia escolhido o jornalista errado para revelar seu segredo.

A SAÍDA

— Sinto muito por não ser suficientemente esperto para entender o que você está tentando me dizer em código — falei.

— O que você sabe sobre a história de visão remota? — perguntou, lentamente.

— Sei que era realizada dentro dos escritórios — respondi.

— Isso mesmo — ele disse.

— E deixou de ser? — perguntei, com os olhos apertados.

— Ah, sem essa — ele disse. — Se deixou de ser realizada nos escritórios, então...

Ele fez uma pausa. Ele tinha duas possibilidades. Ou continuava a revelar o segredo de maneira enigmática — claramente, um método que estava irritando um pouco a nós dois — ou simplesmente me contava sem rodeios. E foi isso o que ele fez.

— Assassinos paranormais — declarou. — Legal, hein? Eles estão ensinando os assassinos das Operações Especiais, os caras de Fort Bragg que vão aos campos para rastrear e assassinar terroristas, a serem paranormais. Eles costumavam se apoiar em informações precisas, mas as coisas estão mudando. As informações são, muito frequentemente, imperfeitas. Então, em vez disso, eles estão recorrendo ao poder da mente outra vez.

— Como isso funciona? — indaguei.

— Deixamos um cara das Operações Especiais numa selva ou deserto ou fronteira — falou. — Sabemos que o alvo está a alguns quilômetros, mas não sabemos exatamente onde. O que fazemos? Esperamos pelos aviões espiões? Esperamos que um interrogador consiga arrancar informações de um prisioneiro? É claro, fazemos essas coisas, mas agora também podemos incrementar tudo isso com o poder da mente.

— Então os assassinos — eu disse —, enquanto esperam por informações precisas, preveem por meios paranormais o local dos alvos e começam imediatamente a rastrear?

— É claro — disse ele. — A mente está voltando à cena em Fort Bragg.

15 de julho de 2004

Recebo um telefonema de Guy Savelli. Ele parece animado, e eu presumo que finalmente houve alguma novidade em sua iminente operação de captura da al-Qaeda. Da última vez que falei com Guy, ele estava recebendo uma enxurrada de telefonemas de entusiastas das artes marciais, estabelecidos em eixos de países maus, que queriam aprender a matar cabras com o olhar. Desde então, Guy tem esperado pelo sinal verde para começar a ensinar os terroristas a encarar as cabras enquanto atua como espião em nome dos serviços de inteligência — mas isso ainda está por vir.

Eu presumo que ele está ligando para me contar as últimas notícias sobre isso, mas ele me conta que outra coisa, uma coisa incrível, aconteceu. Ele recebeu um telefonema

A SAÍDA

de Fort Bragg. Ele poderia ir para lá "imediatamente" para demonstrar seus poderes a um novo general comandante que "vê o lado espiritual"?

— Vou nesse fim de semana — diz Guy.

— Vai levar um animal com você? — pergunto.

— Sim — responde. — Eles querem que eu leve um animal.

— Uma cabra? — pergunto.

— Meus recursos são limitados — diz Guy.

— Um hamster?

— Tudo o que posso lhe dizer — diz Guy — é que haverá alguma espécie de animal envolvido.

— Estamos falando de um animal pequeno e barato? — pergunto.

— Correto — confirma Guy.

— Um hamster — digo.

Um silêncio.

— Sim — diz Guy. — Vou levar um hamster até lá e vou deixá-los alucinados.

Ouço sua esposa lhe dizer algo do outro lado da linha.

— São eles na outra linha — diz Guy, com urgência. — Eu ligo depois.

— Guy! — gritei depois dele. — Pergunte a eles se eu também posso ir!

19 de julho de 2004

Eu não tive notícias de Guy durante quatro dias. Enviei-lhe um e-mail para perguntar se houve alguma novidade, e ele finalmente me liga de volta.

— Tudo parece estar se encaixando — ele diz.

— Você já esteve em Fort Bragg com um hamster?

— É mais do que isso — diz Guy. — Eles estão tentando tornar o que eu faço confidencial. Estão tentando me levar a uma posição militar mais engajada.

— O que você quer dizer?

— Eles querem que eu realmente vá com eles a alguns lugares. Alguns lugares no Oriente Médio.

Eu peço a Guy que me conte mais, e ele conta.

Depois que Jim Channon fez o *Manual de operações do Primeiro Batalhão da Terra*, seus comandantes o convidaram a criar uma unidade de monges guerreiros da vida real, viajando pelo mundo com seus poderes sobrenaturais. Conforme já expliquei, Jim recusou a oferta porque era racional o suficiente para perceber que atravessar paredes, e coisas do tipo, eram boas ideias no papel, mas não eram, necessariamente, habilidades alcançáveis na vida real.

Mas agora, conforme me conta Guy, é exatamente isso o que eles querem que *ele* faça. Querem que ele lidere uma unidade de monges guerreiros no Iraque.

— Com que tipo de poderes você estará dotado? — pergunto.

— Com sorte, muitos — diz Guy —, porque teremos que entrar sem armas.

A SAÍDA

— Por quê? — pergunto.

— Porque esta é a forma pacífica e gentil — diz Guy. Esses homens são bons e gentis. Eles sabem que têm feito tudo errado no Iraque. Lembre-se: os caras nas fotografias de Abu Ghraib foram *treinados* em Fort Bragg. E eles meteram os pés pelas mãos. Eles sabem que essa merda não pode mais continuar. E agora pediram que *eu* vá até lá.

— E os ensine a matar as pessoas com o olhar? — pergunto.

— Não — diz Guy. — Agora é diferente. Essa é uma ideia tão revolucionária que mudará a forma como eles tratam aqueles prisioneiros. Pense no que você pode fazer só ao encarar. Você pode confundir as pessoas ao ponto de elas não saberem para que diabos estão olhando, e elas lhe darão todo tipo de informação.

Guy diz que ele ainda não contou às Forças Especiais que está me mantendo a par dos acontecimentos.

— Eles não ficarão irados? — pergunto.

— Não — diz Guy. — Essa é a forma amável e gentil. Eles vão *querer* que as pessoas saibam disso.

— Da próxima vez que você for a Fort Bragg com um hamster — digo   posso ir?

— Vou perguntar a eles — diz Guy — quando chegar a hora certa.

23 de julho de 2004

Guy me liga. Ele esteve em Fort Bragg com um hamster.

— Vou lhe dizer, Jon. Os caras das Forças Especiais vieram ao meu encontro num estado de ânimo bastante hostil e saíram como criancinhas. Eles estão frustrados. Estão amedrontados. Eles sabem que, estupidamente, estão fazendo tudo errado no Iraque. E sabem que a única alternativa que têm sou *eu*. Esses caras estão finalmente entendendo o que é projeção de pensamento. Eles definitivamente, 100%, querem voltar aos velhos métodos.

— Então você vai para o Iraque? — pergunto.

— É o que parece — diz Guy.

— Quando?

— Temos um prazo para partir — diz Guy.

— Você ainda não disse a eles que está me contando tudo? — pergunto.

— Não — responde. — Mas eles vão encarar numa boa. Tenho certeza de que você poderá vir comigo da próxima vez. Será uma ótima propaganda para eles. E há outro motivo pelo qual eu sei que irão querer você a bordo. Se o inimigo souber que temos esse *poder*, vai se borrar de medo.

Guy faz uma pausa.

— Vou lhes contar tudo sobre você amanhã — ele diz.

28 de julho de 2004

Hoje, telefono a Guy várias vezes, como fiz a semana toda, mas ainda em vão. Ele não me liga de volta.

29 de julho de 2004

Eu deixo mais mensagens na secretária eletrônica de Guy. Poderia ele apenas me dizer se lhes contou sobre mim, e, se contou, qual foi a reação deles?

Não tenho notícias de Guy.

Imagino que a reação foi ruim.

AGRADECIMENTOS E BIBLIOGRAFIA

Eu gostaria de agradecer a todos os que me permitiram entrevistá-los para esta história, especialmente Jim Channon, o general Stubblebine, Guy Savelli e Eric Olson. Eu atormentei Jim com tanta frequência durante os últimos dois anos — em busca de fatos, datas, exemplares de seu manual, reminiscências, verificações de nomes e lugares, e assim por diante — que em certo momento ele me enviou um e-mail para dizer, exausto: "Por que eu me sinto como o office-boy em meu próprio espetáculo?" Mas ele sempre me forneceu as informações que lhe pedi.

Jim permitiu que eu reproduzisse um desenho do *Manual de operações do Primeiro Batalhão da Terra*, e eu lhe agradeço por isso também.

Embora pouca coisa de interessante tenha sido escrita antes sobre o Primeiro Batalhão da Terra, *Mind wars*, de Ron McRae (St Martins' Press, 1984), tem algumas páginas úteis sobre Jim, e me apropriei de um ou dois de seus parágrafos.

Agradeço a Tony Frewin (da revista *Lobster* e do Estado de Kubrick) por me fornecer seu exemplar de *Remote viewers: the secret history of America's psychic spies*, de Jim Schnabel (Dell, 1997). Esse livro me forneceu informações valiosas para os capítulos 5 e 6, assim como *Como a picaretagem conquistou o mundo*, de Francis Wheen (editora Record, 2007), e minhas conversas com Skip Atwater e Joe McMoneagle, os dois principais agentes na unidade de espionagem paranormal de Fort Meade.

Agradeço a John Le Carré, que me ensinou a ler *In the time of tyrants: Panama: 1968-1990*, de Richard M. Koster e Guillermo Sánchez (W. W. Norton & Company, 1991). Tudo o que alguém precisa saber sobre o Panamá e a inteligência militar está contido nesse livro.

As comoventes e engraçadas memórias de Prudence Calabrese, *Intentions: the intergalactic bathroom enlightenment guide* (Imprint, 2002), me ajudaram a recontar a história de sua atribulada vida adulta, e eu as recomendo. Bem, recomendo sem reservas as partes das memórias, e com reservas as partes do alienígena no banheiro.

Agradeço a Kathryn Fitzgerald Shramek por permitir que eu reproduzisse a fotografia do cometa Hale-Bopp e seu objeto "companheiro", tirada por seu falecido marido.

Foi um prazer assistir novamente aos brilhantes documentários *Waco: rules of engagement* e *Waco: a new revelation*. Agradeço ao produtor, Mike McNulty, por enviá-los a mim. Os trechos das fitas de negociação do FBI que eu cito no capítulo 12 são tirados desses filmes excelentes.

Eu reconstruí a história de Frank e Eric Olson principalmente por meio de minhas muitas conversas com Eric, mas alguns parágrafos foram tirados do artigo de seu amigo Michael Ignatieff para o *New York Times*, "What did the CIA do to Eric Olson's father?" (1º de abril de 2001), de "The sphinx and the spy: the clandestine world of John Mulholland", de Michael Edwards (*Genii*, abril de 2001), e do próprio web site de Eric, resultado de sua investigação laboriosa: www.frankolsonproject.org. O artigo de Ignatieff foi particularmente útil.

Eric permitiu que eu reproduzisse duas de suas fotografias, e eu lhe agradeço por isso. Eu não consegui localizar Ed Streeky, o detentor dos direitos autorais da terceira fotografia, a que apareceu na revista *People* em 1975 e mostra a família de volta à casa depois de encontrar o presidente Ford.

Minhas informações sobre o Artichoke vieram de *Acid dreams: the complete social history of LSD, the CIA, the sixties and beyond*, de Martin A. Lee e Bruce Shlain (Pan, 1985).

Agradeço também, como sempre, a Fenton Bailey, Rebecca Cotton, Lindy Taylor, Tanya Cohen e Moira Nobel, de World of Wonder, e ao extremamente paciente Peter Dale, do Channel 4. Eu não poderia ter desejado apoiadores mais gentis no canal do que Peter e Tim Gardam, o diretor de programas atualmente aposentado, e Kevin Lygo, seu sucessor.

Ursula Doyle, minha editora na Picador em Londres, e Geoff Kloske, meu editor na Simon & Schuster em Nova York, foram, como sempre, brilhantes, assim como Adam

Humphries, Andrew Kidd, Camilla Elworthy, Stephanie Sweeney, Sarah Castleton e Richard Evans na Picador, e Derek Johns na A. P. Watt.

Acima de tudo, eu gostaria de agradecer a Andy Willsmore, David Barker e especialmente a John Sergeant, a quem esta obra é dedicada. A pesquisa e a orientação de John podem ser encontradas em cada página deste livro.

Este livro foi composto na tipografia ClassGaramond,
em corpo 11/16, e impresso em papel off-set, no
Sistema Digital Instant Duplex da Divisão Gráfica
da Distribuidora Record.